职业教育综合素养系列教材

# 走向职场的20讲礼仪课

丛书主编　林云刚

主　　编　梅亚萍

副 主 编　唐翠华　费云霞

電子工業出版社
Publishing House of Electronics Industry
北京·BEIJING

## 内容简介

本书编写以学生为本位，立足于职业院校学生的职业成长需求，编写了校园礼仪、社交礼仪、商务礼仪、餐饮礼仪、生活礼仪 5 个单元共 20 讲礼仪必修课，注重学生礼仪知识和运用技巧的训练。本书采用项目式编排，每讲设有任务描述、知识储备、实践训练、自主学习、评价考核 5 个模块，言简意赅，图文并茂，集知识性、实践性和可操作性于一体。

本书可作为职业院校学生礼仪学习训练指导用书，也可以作为在职人员岗位培训学习用书。

本书还配有电子教学参考资料包（包括教学指南、电子教案及习题答案），详见前言。



**图书在版编目（CIP）数据**

走向职场的 20 讲礼仪课 / 梅亚萍主编. —北京：电子工业出版社，2013.8
职业教育综合素养系列教材
ISBN 978-7-121-21059-4

Ⅰ. ①走…　Ⅱ. ①梅…　Ⅲ. ①礼仪－中等专业学校－教材　Ⅳ. ①K891.26

中国版本图书馆 CIP 数据核字（2013）第 169596 号

策划编辑：施玉新
责任编辑：夏平飞　　文字编辑：张岩雨
印　　刷：北京京师印务有限公司
装　　订：北京京师印务有限公司
出版发行：电子工业出版社
　　　　　北京市海淀区万寿路 173 信箱　　邮编　100036
开　　本：787×1 092　1/16　　印张：11.5　　字数：295 千字
版　　次：2013 年 8 月第 1 版
印　　次：2018 年 2 月第 2 次印刷
定　　价：27.00 元

凡所购买电子工业出版社图书有缺损问题，请向购买书店调换。若书店售缺，请与本社发行部联系，联系及邮购电话：（010）88254888，88258888。

质量投诉请发邮件至 zlts@phei.com.cn，盗版侵权举报请发邮件至 dbqq@phei.com.cn。

本书咨询联系方式：（010）88254598，syx@phei.com.cn。

# 前 言

本书是职业院校学生礼仪学习训练指导用书。

本书贯彻以学生发展为本的教育思想，以满足学生“必需”、“够用”为编写宗旨，从知识、方法、能力等方面体现礼仪训练的教学目标，旨在帮助学生掌握日常生活和职业岗位需要的礼仪知识，提高学生职场适应能力。

本书总体特色为“任务式的模块化训练”。主要表现在以下几个方面。

第一，根据学生校园生活、社会生活和职业生活的需要，确定 20 讲礼仪训练项目。

第二，每个训练项目均设置了任务描述、知识储备、实践训练、资助学习、评价考核五个模块，让学习者在任务驱动下，进行有意义的学习和有效的自主建构，从而获得知识，提升能力。

第三，本书设计了“礼仪小贴士”，不仅可以帮助学习者掌握每个任务的注意点，还可以帮助学习者养成文明礼仪的基本意识，形成文明礼仪的基本能力，并能在具体的场合中灵活运用。

本书有 5 个单元：校园礼仪、社交礼仪、商务礼仪、餐饮礼仪、生活礼仪。每单元均设有单元导语，旨在说明该单元学习在校园生活、社会生活和职业生活中的作用，激发学生学习该单元内容的兴趣。

本书按照职业院校培养目标并结合其专业设置的特点，从校园生活、社会生活、职业生活的角度精心创设任务情境，遴选案例，设计练习，引导学习者自我评价，具有较强的普适性和职业性。

本书建议教学课时为 80 学时（20 讲×4 课时/讲），单元课时分配见下表。建议弱化知识讲授，重视实践指导训练，引导学生在做中学、学中做，实际教学时可视教学时间和教学对象进行调整。

**课时分配建议**

| 教学内容 | 讲授/学时 | 实践/学时 | 合计/学时 |
| --- | --- | --- | --- |
| 单元 1　校园礼仪 | 8 | 8 | 16 |
| 单元 2　社交礼仪 | 6 | 10 | 16 |
| 单元 3　商务礼仪 | 6 | 10 | 16 |
| 单元 4　餐饮礼仪 | 6 | 10 | 16 |
| 单元 5　生活礼仪 | 4 | 12 | 16 |
| 合　计/学时 | 30 | 50 | 80 |

本套丛书由高等师范学校财金系主任林云刚担任主编，本册教材由梅亚萍担任主编，唐翠华、费云霞担任副主编。参加编写的人员有梅亚萍、唐翠华、费云霞。

本书在编写过程中，得到了无锡高等师范学校领导的大力支持，以及郁宝华、王若维、缪广寒等老师的热情帮助，在此一并表示感谢。

由于编者水平有限，书中不足之处在所难免，敬请广大读者批评指正。

编　者

# 目　录

# 第 1 单元

## 校园礼仪

少成若性，习惯之为常。学生时代如果不进行文明习惯的培养，成年后的你将无法成长为一个谦谦君子、优雅淑女。在校园里你如何着装打扮？你怎样与老师同学交往？你知道在校园公共场合要遵守怎样的礼仪吗？

我们中国自古就是注重讲求“礼仪”的国家，中国古代“礼”表示敬神尊佛的意思，礼是“以礼相待，对人表示敬意”，礼包括礼节、礼貌、礼仪。礼节是指行礼的分寸级别、礼仪的节度。礼貌是指对人恭敬、有礼、和顺。礼仪指行礼之仪式。“仪”解释为“法度、标准、容止仪表”，包括仪式、仪表、仪典、仪态及仪序。

随着时代的变迁，许许多多的礼制不断的改变、修正，以适合民情，但基本的精神与原则还是保留的。我们的校园生活每天在变，但是一些必然的事情是永远不会改变的，就像是我们活在这地球上每天呼吸的空气一样自然。礼貌就是其中之一，好的礼节使我们的校园生活变得美丽、庄重、舒适。

本单元重点学习校园日常礼仪、校园集会礼仪、校园场所礼仪、求职礼仪。

为人子，方少时，亲师友，习礼仪。

——《三字经》

礼，经国家，定社稷，序民人，利后嗣。

——《左传》

# 第1讲　校园日常礼仪

## 任务描述

**知识目标：**

1. 掌握在校学生的仪容仪表礼仪。
2. 了解在校生活和人际交往中应有的仪表、仪态和行为规范要求。
3. 掌握与老师、同学相处的礼仪规范，做一个举止有度的文明学生。

**能力目标：**

1. 按校园礼仪的要求设计个人形象。
2. 学会和老师、同学相处。

## 知识储备

### 一、校园形象礼仪

仪容仪表是指人的容貌、外在的打扮，是一个人精神面貌的外观体现。仪表美属于个体美的外在因素，又是一个人内在美和外在美的和谐统一，反映着人的精神状态。美好纯正、端庄大方的仪表与人的精神境界融为一体，展现着一个人的气质、风度与魅力。

#### 1．卫生

讲卫生是仪容仪表的前提条件。无法想象一个邋里邋遢的人会获得别人的赞赏。日常卫生习惯非常重要。我们要做到：起床洗脸，睡前洗脚，早晚、饭后勤刷牙，经常洗头又洗澡，讲究梳理勤更衣。

#### 2．服饰

服饰反映了一个人文化素质之高低，审美情趣之雅俗。具体说来，它既要自然得体，协调大方，又要遵守某种约定俗成的规范或原则。服装不但要与自己的具体条件相适应，还必须时刻注意客观环境、场合对人的着装要求，即着装打扮要优先考虑时间、地点和目的三大要素。学生着装，以自然朴质为原则，款式和线条要整洁流畅，整齐大方，校服（见图1-1）、夹克衫、运动衫、T恤衫、连衣裙都可以。不穿拖鞋、露膝短裙、露脐短衫、低腰裤进入校园。

### 3. 发型

女生的发型应当是马尾式或青年式，以体现蓬勃的朝气，不适合留披肩发、烫发或其他奇异发型。不能染发。男生的发型应为平头或类平头，不能留长发、剃光头、蓄胡须，不能染发。

图 1-1　校服

### 4. 妆容

青春是最好的化妆品，年轻的学生应该信奉自然美，女生不能化妆、涂口红、留长指甲、涂夸张的指甲油、戴首饰、穿高跟鞋，男生不能在公共场合敞怀、光脚。用最质朴的形式最大限度地展现学生健康、阳光的形象。

## 二、校园交往礼仪

我们来到校园一个崭新的环境，如何在校园中与老师、同学交往相处，相信是每个新生即将面临的问题。校园交往基本礼仪将会为你架起人际交往的第一座桥梁，迈出走向和谐人际关系的第一步。

### 1. 师生交往礼仪

尊师是我国传统的美德。老师像辛勤的园丁一样为学生“传道、授业、解惑”，被称为“全人类灵魂工程师”。因此自古以来就流传着许多尊师的动人故事。如宋代学者杨时和游酢拜程颐为师，有一次他俩去请教老师，正逢老师午睡，为了不惊醒老师，俩人站在门外雪地等候。当老师醒来时，雪已有一尺深，杨、游二人遍身是雪，仍然恭敬地站立在门外，这就是“程门立雪”的尊师美谈。当然我们并不要求每个学生都学杨、游，但作为学生应对老师有一定的礼仪。

（1）尊重老师的劳动。老师的辛苦劳动体现在教学上，学生虚心学习，认真上好每一堂课，取得良好的学习成绩，这是对老师最大的尊重，没有什么比这更能使老师得到安慰和喜悦的了。

（2）尊重老师的人格。作为学生应从心里敬重老师，尊重老师的人格。学生和教师谈话时，应主动请教师坐，若教师不坐，学生应该和教师一起站着说话。同教师谈话，要集中精神，姿势端正、双目凝视教师，有不同看法时，可及时向老师请教、探讨。要虚心接受教师批评，不可当场顶撞老师。

（3）注重礼仪形式。见到老师应问好、行礼（见图 1-2）；上下课要起立迎送；进老师办公室时要轻轻叩门，然后开门进去，行礼后说明来意；到老师办公室、寝室不能乱翻乱动教师物品；休息时间最好不打扰老师；到办公室或老师家不宜逗留过久，办完事应尽快离开等等。

（4）尊重所有教职员工。学生不仅要尊重自己的班主任、辅导员、任课老师，对学校其他教育工作者，包括宿舍管理人员、清洁工等也应讲礼仪。

图 1-2　行礼

**礼仪小贴士**

**理解老师的苦心**

老师也是人，孰能无过？如果老师一时错怪或者误会了自己，作为学生，不能因老师一时的错误或失误而产生嫉恨心理，更不要有消极的态度。如果涉及原则问题，可以找一个合适的时机，单独向老师以征求的口吻心平气和地交谈。

### 2. 同学交往礼仪

同学间的交往是学生交往的重要方面。同是年轻人，同在一个食堂吃饭，同在一个教室上课，阅历、知识水平基本处于同一个发展阶段，这些相同性或相似性为同学间展开交往、建立良好的同学关系提供了基础。在对美好理想的追求中，建立良好的同学关系，交几个知心朋友，会使你如虎添翼，左右逢源。处理好同学间关系，要注意以下礼仪：

（1）坦诚相待，谦虚谨慎

同学、朋友交往中要言而有信，忠实于诺言，敢于承担应有的责任，言必信，行必果。应时刻记住，诚实是做人的本分。另外，谦虚待人在同学交往中也是非常重要的。有些同学人际关系紧张，往往是由于自己有了点成绩、有些能力就骄傲自大，目空一切，常常在同学面前吹嘘、炫耀自己，说话办事不尊重别人的意见。须知，青年人的自尊心、好胜心都很强，他人绝不会因为你的自我标榜就增加对你的敬意。要记住“谦受益，满招损”的道理，虚心向他人学习，善于和朋友合作，只有这样才能不断提高自身素质。

（2）友善热情，礼貌待人

学生在各个方面都还处在发展阶段，各有各的长处，也各有各的弱点。作为同学，一方面应“一日三省吾身”，时常反思自己的言行，尽可能地少犯错误；另一方面，对学生的过失和缺点，应善意地给予提示，即使一时难以改掉的毛病，也要采取宽容的态度，不应过分要求和挑剔。对于同学的不同习惯或爱好，应给予充分的尊重。对别人的隐私要充分尊重，主动地去探寻别人的秘密，是缺乏教养的表现。

热情是搞好同学关系的凝聚剂。在平时的生活学习中，应主动热情地去关心、照顾别人，而当得到别人帮助时，也要及时表示感谢。对别人的热情无动于衷是很失礼的。同学交往，说话要和气，使用文明语言，做到彬彬有礼（见图 1-3）。只有尊重别人，才能得到别人的尊重和友谊。

图 1-3　同学交往

（3）化解矛盾，增进团结

同学之间产生矛盾是常有的事，有时是因为不小心造成的，如下课时无意踩了别人的脚，有可能导致双方争吵；有时则是因为误会造成的，如张三丢了东西，怀疑李四拿走的，虽未明说，但隔阂已经产生了；还有一些则是有意识地造成的，如昨晚一个同学回来得晚，影响了你的休息，于是今天中午你就故意打开收音机影响他午休，如此恶性循环，导致两人关系紧张。从主观来看，你有理由争吵、有理由怀疑、有理由报复，但从礼仪要求上讲，这都是不对的。这样做非但不能化解矛盾，反而会把矛盾激化，造成越来越深的隔阂。正确的做法是，当产生矛盾时，主动找对方沟通思想，求得理解和谅解，把大事化小，小事化了，促进同学之间的团结。

### 礼仪小贴士

**什么才是友谊**

朋友之间，应当做患难之交的真朋友。朋友有困难时，应当尽可能及时、鼎力相助，做到“雪中送炭”。而不是做只会逢场作戏、吃喝玩乐的酒肉朋友。

## 实践训练

**实践项目：**向老师请教难题

**情境描述：**老师课上讲的某一内容没听懂，课后到办公室向老师请教。

**实践指导：**

1. 有礼貌地敲门；
2. 说清原因；
3. 耐心倾听讲解；
4. 疑惑处可与老师进行探讨，发表自己的见解；
5. 请教结束对老师表示感谢；
6. 有礼貌地离开老师的办公室。

## 自主学习

### 一、判断题（正确的在括号内打“√”，错误的打“×”）

1. 学生平时的服饰应以校服为主。（　）
2. 女生不能烫发，但男生可以。（　）
3. 学生可以佩戴一些不夸张的首饰。（　）
4. 和同学相处，要以诚心待人，才能结交真正的朋友。（　）
5. 给同学取绰号，是关系亲密的表现。（　）

### 二、选择题

1. 适合女学生的发型有（　）。

　　A. 马尾辫　　B. 披肩发　　C. 短发　　D. 长波浪

2．和同学产生矛盾时，（ ）的做法是正确的。

A．认真反省，主动承认错误 B．告诉家长，寻求帮助

C．向其他同学诉苦，拉拢“盟友” D．坦诚相对，积极沟通

3．在校园和老师相遇，（ ）的做法是正确的。

A．擦肩而过 B．点头示意 C．主动问好 D．微笑面对

4．夏季来临，不适合学生的打扮有（ ）。

A．穿凉拖进教室 B．女生穿超短裙

C．男生穿背心 D．短袖 T 恤

5．尊重老师，就要做到（ ）。

A．上课认真听讲，认真完成作业

B．议论老师的私事，并做出评判

C．进办公室先敲门，得到允许才进门

D．和老师称兄道弟，亲密无间

## 三、案例分析题

校园内存在着许多不文明的现象。如：常常因为一些小事，引起同学间出口伤人甚至大打出手；由于天气热，有些学生在校园穿拖鞋或穿着过于暴露；在教室里，有的学生高声喧哗，课间经常有些学生追逐打闹，弄得满头大汗，甚至擦伤摔伤；看到老师或领导不能主动问好；看到纸屑不能主动捡起……请对以上行为做出评析。

## 评价考核

表 1-1 校园日常礼仪评价考核表

| 考评内容 | 校园日常礼仪 | | |
|---|---|---|---|
| 考核标准 | 内 容 | 分值（分） | 评分（分） |
| | 讲究个人卫生 | 15 | |
| | 服饰符合学生身份 | 15 | |
| | 发型简洁大方 | 15 | |
| | 言行得体 | 15 | |
| | 和同学交往谦让宽容 | 20 | |
| | 和老师交往彬彬有礼 | 20 | |
| 合 计 | | 100 | |

注：可自评或他人考评。评价考核分为 100 分，60～69 分为及格；70～79 分为中；80～89 分为良；90 分以上为优秀。

# 第2讲 校园场所礼仪

## 任务描述

**知识目标：**

1. 了解在校园的不同场合应遵守的礼仪规范，提高校园生活品质。
2. 能够全面掌握校园场所礼仪知识。

**能力目标：**

正确运用校园场所礼仪知识，做一个文明有礼的学生。

## 知识储备

校园公共场所是我们学习、生活和活动的地方，每个学生都有责任维护它的秩序，遵守一定的校园场所礼仪规范。

### 一、教室礼仪

教室是学生学习的主要场所，舒适的学习环境能营造良好的学习氛围。遵守教室礼仪能打造优秀的学风、班风，打造一个优秀的班集体，从而让每个学生成长为优秀的个体。

#### 1. 课堂纪律

遵守课堂纪律是学生最基本的礼貌。教师在上课时，如果课堂纪律很好，这会使教师感到自己的劳动得到了应有的尊重，于是内心会升起欣慰和亲切之感，思路会越讲越顺，教学水平会发挥到最佳状态。反之，当教师在上课时课堂纪律不好，会使他感到自己的辛勤劳动未得到尊重，于是内心会有一种沮丧、失落之感，思路会被打乱，教学效果也会受到很大影响。

这里提醒我们，学生到课堂上课的主要目的，就是为了从师而解惑。一个学生不遵守课堂纪律，也就是对教师的不尊重，其为惑也，怎能解呢？同时，这也是对其他同学的不尊重，会影响别人的解惑。正因为课堂是学生从师解惑的主要场所，所以每个学生都应遵守课堂记律，这既是对教师辛勤劳动的尊重，也是一种基本的礼貌。如果对教师讲述的内容有异议，最好下课后单独找教师交换意见，共同探讨，但尽量不要在无关紧要的细节上纠缠，教师精力不济时应主动停止交谈，教师若还有上课任务，应留给教师一点休息方便的时间。作为学生态度要诚恳谦恭，作为老师也要为人师表。

（1）上课：上课的铃声一响，学生应端坐在教室里，恭候老师上课，当老师宣布上课时，全班应迅速起立，向老师问好，待老师答礼后，方可坐下。学生应当准时到校上课，若因特殊情况，不得已在老师上课后进入教室，应先得到老师允许后，方可进入教室。

（2）听讲：在课堂上，要认真听老师讲解，注意力集中，独立思考，重要的内容应做好笔记。当老师提问时，应该先举手，待老师点到你的名字时才可站起来回答。发言时，身体要立正，态度要落落大方，声音要清晰响亮，并且应当使用普通话。

（3）下课：听到下课铃响时，若老师还未宣布下课，学生应当安心听讲，不要忙着收拾书本，或把桌子弄得乒乓作响，这是对老师的不尊重。下课时，全体同学仍需起立，与老师互道：再见。待老师离开教室后，学生方可离开。课间休息，以礼待人，通道走廊禁止追逐乱跑，不打架、不骂人、不讲下流话，上下楼梯靠右走。

### 2. 教室卫生

（1）地面干净。教室地面要求光洁明亮，无纸屑、无杂物、无积灰、无积水、无污渍、无痰迹。墙面（包括走廊）无乱涂乱画、无积灰、无鞋印、无痰迹、无字迹、无蜘蛛网、无污渍、无私拉乱接。

（2）课桌椅整齐。桌椅摆放整齐，保持桌面的干净，椅子应统一摆放在桌子下方。

（3）物品有序。课桌上的书籍、学习用品要摆放整齐，桌子下方不放任何东西，椅子背上不挂物品。教室卫生角、图书角的东西要摆放井然有序，垃圾桶及时清洁。

（4）讲台、黑板整洁。黑板每天一清洗，黑板下沿不应有积灰、粉笔灰等杂物。讲台要整洁，可以放一盆绿色盆栽，给任课老师提供一个舒适的上课环境。

## 二、宿舍礼仪

宿舍是学生在校期间居住的场所，也是学生离开家庭住进学校后的“家”。学生在宿舍也应该注重礼仪。

### 1. 遵守宿舍作息时间

（1）按时回宿舍，自觉接受门卫人员的检查。各校都规定了宿舍区的出入时间，晚上学生必须在规定时间以前回宿舍，如有特殊原因未能及时回宿舍的，要如实向门卫人员讲明原因。

（2）按时休息。宿舍各成员应在熄灯后就寝，切忌在走廊里、宿舍里大声喧哗；尽量避免弄得桌、椅发出巨响，以免影响他人休息。早晨要按时起床，坚持早操，养成良好的作息习惯。

### 2. 做好宿舍卫生工作

（1）严格遵守宿舍卫生管理条例，保持整洁卫生的生活环境，不仅有利于宿舍成员的身心健康，而且也给同学们创造了良好的生活条件。要养成良好的个人卫生习惯，按时洗脸、洗脚，经常洗澡，勤洗衣服勤洗鞋，认真整理内务，保持个人卫生和生活用品的整洁。

（2）做好值日生工作。轮到值日的同学，必须自觉维持宿舍内卫生。认真做好整个宿舍的整理、清扫等工作。其他同学也应积极给予配合。

（3）切忌随意向窗外乱抛杂物或泼水。要知道一盆泼出去的水难以收回，一场“干戈”也可能因此产生。随意向窗外乱扔杂物也是不尊重他人劳动、破坏公共优美环境的极不文明的行为。

### 3. 遵守宿舍公德

（1）节约用水。在洗漱间洗漱完毕，要随手关好水龙头。在光线充足或离开宿舍时，要随手关灯。切不可因用的水电是学校的，而对“长明灯”、“长流水”听之任之，造成不必要的浪费。

（2）遵守就寝纪律。熄灯后不大声喧哗，以免影响别人休息。不能在宿舍使用大功率电器，以免产生安全隐患。要自觉维护公共部分的卫生，爱护公共设施，做一个有公德心的文明学生。

（3）养成“自觉”和“宽容”美德。由于学校生源比较广泛，地域差异、经济文化等发展的差异，势必会引起同学们的生活习惯、行为处世上的不同。此时，就需要“求大同存小异”，要互相适应。

## 三、餐厅礼仪

食堂是师生集体就餐的场所，也是校园文明建设的重点场所之一。作为学生，要注意讲究食堂礼仪。

### 1. 自觉排队

有秩序地进入餐厅，不冲、跑、挤。

买饭时自觉排队，不插队、拥挤。对于那些有特殊原因需优先买饭菜的同学要谦让，并要正确对待队伍中可能出现的摩擦，切不可动不动使拳头，因为这并非“英雄”，也不“侠气”。

### 2. 文明进餐

进餐时要保持安静，切勿大声喧哗。

坐在凳子上文明进餐，切不可把脚踏在凳子上，或左右观望。

嘴里含有食物时，不要贸然讲话。他人嘴里含有食物时，最好等他咽完再和他说话。

骨、刺和无法吃的其他东西，不要随地乱吐，可放在餐具里或者自己准备的其他盛具里。

准备好餐巾纸，不要用手擦拭油腻的嘴，应该用餐巾纸擦拭。

### 3. 进餐完毕

进餐结束，要及时离开，给其他同学腾出位置。

节约粮食，不将吃剩的饭菜随地乱扔。

就餐后及时将餐具、剩饭剩菜等分别放到指定位置，保证就餐地点的干净，尊重食堂员工的劳动。

## 四、图书馆礼仪

学校图书馆拥有成千上万的馆藏，它是知识的海洋，又是科学的殿堂，我们进入图书馆以后，就是进入了“人民的终身学校”。图书馆在丰富我们知识的同时，也能有效地历练我们的礼仪修养。

### 1. 轻、静

在图书馆、阅览室应保持安静，轻轻说话，轻轻走路，轻拿、轻翻、轻放图书报刊。

遇到朋友最好用点头微笑的方式打招呼，不可大声喧哗、喋喋不休。

如果确实与同学交换意见，应简洁明快、低头耳语。如果长时间的交流应到室外。

### 2. 洁、净

上图书馆学习应衣着整洁，进图书馆前应自觉关闭手机或者调为静音，不能穿背心、拖鞋进入图书馆。

要自觉遵守图书馆的规章制度，爱护图书馆的设施，保持环境安静和清洁卫生，严禁吃东西、抽烟。

### 3. 雅、敬

借阅图书要遵守图书馆规定，主动出示证件，按次序借书。

借阅期已到，应及时归还，以便别人借阅，充分发挥图书的主要价值。

不抢占座位，文明阅览、姿势端正，注意用眼卫生。

不能因自己需要某些资料而损坏图书，私自剪裁图书是极不道德的行为。

图书、杂志阅读完毕要放回原处。

进入图书馆要寄放书包，服从管理。

**礼仪小贴士**

**图书馆礼仪知多少**

不说话或使用电话，不与旁人窃窃私语；走路轻手轻脚；

不按手机键短信发个不停；不吃东西；

不用物品占座位，不把自己的包放在旁边暂时没有人的座位上；

爱惜图书，不在书上注记或折页；

看完的书籍按照要求放在图书馆规定的位置；

离开图书馆时把自己的位子清理干净，将座椅向书桌轻轻靠拢；在借书还书时有序排队。

## 五、体育馆礼仪

体育场馆是学生进行体育教学、训练、竞赛及群众性体育活动的场所，要文明使用。

### 1. 事前申请

院、系及学生团体组织举行活动需用场、馆、池的时，需要办理相关报批手续。

严禁爬墙、网、栅、栏进入体育场馆。

### 2. 遵守制度

在体育馆锻炼身体，提倡讲文明、讲礼貌、讲公德；

在体育竞赛中，应提前入场，入场后尽快到观众席；观看时要尊重运动员、尊重裁判，不起哄、不斗殴，自觉遵守体育馆相关规定。

按照不同运动项目要求，穿着适合的运动服和运动鞋。

爱护体育馆的设施，不随意搬动、损坏。

### 3．爱护环境

保持体育馆清洁卫生，不随地吐痰、乱丢果皮、纸屑、饮料罐及其他杂物，给锻炼者创设一个洁净、卫生的锻炼场所。

## 实践训练

**实践项目：**请为你们寝室制订一份《文明住宿公约》

**情境描述：**班级住宿生管理发现很多问题，班主任要求各寝室长做出整改。

**实践指导：**

1．制定寝室作息时间表；

2．安排好卫生值日；

3．制定就寝纪律制度；

4．制定寝室请假制度；

5．确定各项工作责任人；

6．制定奖惩制度。

## 自主学习

### 一、判断题（正确的在括号内打“√”，错误的打“×”）

1．教室卫生，人人有责。（　）

2．上课听不懂，可以随时提问。（　）

3．就餐结束，餐具放桌上，就可以离开。（　）

4．考试期间，为不影响宿舍同学休息，可以在走廊上复习。（　）

5．在图书馆找资料，可以用铅笔在书上轻轻地画。（　）

### 二、选择题

1．教室卫生要做到（　）。

A．地面整洁　　B．桌椅整齐　　C．物品有序　　D．讲台干净

2．上课迟到，进教室应该（　　）。

A．大声喊报告，在教室门外等候

B．找个机会溜进教室

C．站在教室门口向老师解释迟到原因

D．为自己的迟到表示歉意

3．使用体育馆，要注意（　　）。

A．事先申请　　B．穿好运动服装、鞋子

C．爱护体育馆环境　　D．不私自搬动设施

4．在餐厅就餐，以下（　　）是不文明行为。

A．插队　　B．一人买很多份

C．吃光所有饭菜　　D．将餐具放到指定地点

5．做文明读者，要注意（　　）。

A．在图书馆安静阅读　　B．随手放置从书架上取出的书本

C．不抢占座位　　D．将早点带进图书馆

### 三、案例分析题

学校开运动会，为营造气氛，学生社团准备了很多文娱节目。其中有一个独唱表演，演出要求：演员乘坐敞篷车绕操场一周，在车上为观众演唱。请从校园场所礼仪的角度分析这一演出形式是否妥当。

## 评价考核

**表1-2　校园场所礼仪评价考核表**

| 考评内容 | 校园场所礼仪 | | |
|---|---|---|---|
| 考核标准 | 内　容 | 分值（分） | 评分（分） |
| | 文明上课，遵守课堂纪律 | 20 | |
| | 服从宿管员管理，文明住宿 | 20 | |
| | 遵守体育馆有关规定，做文明学生 | 15 | |
| | 遵守图书馆规定，做文明读者 | 15 | |
| | 认真打扫教室、宿舍卫生 | 10 | |
| | 能遵守就餐礼仪，文明用餐 | 20 | |
| 合　计 | | 100 | |

注：可自评或他人考评。评价考核分为100分，60～69分为及格；70～79分为中；80～89分为良；90分以上为优秀。

# 第3讲　校园集会礼仪

## 任务描述

**知识目标：**

1. 了解校园中的主要集会类型；
2. 掌握校园各种集会应该遵守的礼仪。

**能力目标：**

1. 在升旗仪式上，做一个文明的学生；
2. 在典礼上，做一个守礼的观众；
3. 在班团活动中，做一个积极的成员。

## 知识储备

### 一、升旗仪式礼仪

国旗是一个国家的象征，升降国旗是对青少年爱国主义教育的一种方式。无论中小学还是大学，都要定期举行升国旗的仪式。

#### 1. 升旗仪式程序

出旗——旗手持旗，护旗手在旗手两侧，齐步或正步走向旗杆；

升旗——奏国歌，唱国歌；

国旗下讲话——由教师或学生代表作简短而有意义的讲话。

#### 2. 升旗仪式礼仪

升旗时，全体师生应列队整齐排列，面向国旗，肃立致敬。

当升国旗，奏国歌时，要立正，脱帽；行注目礼，直至升旗完毕。

升旗是一种严肃、庄重的活动，一定要保持安静，切忌自由活动，嘻嘻哈哈或东张西望。

如在室内或走路，应立正并平视国旗方向。

唱国歌时，要倾注自己对祖国的深情，吐字清晰，声音洪亮，曲调节拍准确，感情真挚而热烈。

认真听国旗下讲话，给予礼貌地鼓掌。

不提前退场。

**礼仪小贴士**

**国旗礼仪你知道吗？**

升挂国旗时，应当将国旗徐徐升起，升至杆顶。同一旗杆上不得升挂两面国旗。需同时升挂国旗与其他旗帜时，通常应当首先升挂我国国旗。下降国旗时，应当缓缓下降，不能让国旗直接落地。需要同时降下国旗和其他旗帜，或者同时降下我国国旗与外国国旗，一般应当首先降下我国国旗。

## 二、班团活动礼仪

主题班会是班级教育活动的形式之一，是班主任根据教育、教学要求和班级学生的实际情况确立主题、围绕主题开展的一种班会活动。通过主题班会来澄清是非、提高认识、开展教育，对促进学生的成长和树立人生观都起着积极作用，是学生的必备课。班会活动有丰富多彩的活动形式，如主题报告会、演讲和竞赛、座谈和辩论、野外活动、社会调查成果汇报，文艺表演，经验介绍等。

主题团活动就是以团支部为单位进行的一系列有益于德智发展的活动，其活动围绕一定的主题展开。团活动的现实意义是团结支部成员，并扩大支部影响力，加强支部与社会的联系，提升成员的整体素质。团日活动可以让成员体验乐趣的同时获得一定社会认可，创造一定的社会价值，主要形式有教育活动、公益活动、组织活动、文娱活动、体育活动等。

### 1. 主题班会活动

（1）准时出席。班会活动是班级集体活动，作为班级的一分子，要认真参与，不能随意缺席。

（2）认真聆听。班会课上有班主任发言，同学发言。别人在发言的时候，要认真倾听，不随意讲话，不和同学窃窃私语。

（3）积极参与。围绕班会主题，主动发表自己的见解，参与表演，和同学一起营造热烈的氛围，使班会活动的作用落到实处。不能事不关己，高高挂起，游离在集体之外。

### 2. 主题团活动

（1）服从统一指挥，做好活动前的各项准备工作和活动中的组织、服务工作，保证活动的顺利进行。

（2）活动前应该做好活动的资金、物质准备和必要的思想动员工作。有些形式复杂、内容重要的活动，如有可能，在活动前还可以进行一些主要项目或活动全部内容的预演，发现问题，及时纠正，以此提高团活动的质量。

（3）活动中如出现险情、伤痛等意外情况，要有相应的紧急应变措施，一旦出现情况，立即补救。

（4）活动以后，搞好总结工作（如果活动规模较大，时间较长，可以进行评比表彰活动），如以座谈会的形式讨论活动的收获、改进意见，有利于把以后的团日活动搞得更好。

（5）处处以一个团员的标准要求自己，要发挥共青团员的模范带头作用。

## 三、典礼礼仪

典礼在这里是指学校举行的一些大型活动，具有集会性质，一般在操场或礼堂举行。由于参加者人数众多，又是正规场合，因此要格外注意典礼中的礼仪。学校典礼根据性质可分为庆典集会、纪念集会、动员集会、传播集会、交流集会等，根据规模可分为大型集会、小型集会等。

### 1. 准时

参加典礼集会时，要遵守时间，不迟到，不早退，按序进场、退场。

### 2. 专注

大会发言行注目礼，发言结束要道谢，听报告，看演出，观看比赛时，应安静、专注，并以鼓掌表示欢迎，感谢和赞赏。要保持肃静，不随意说话，打斗和走动，要集中精神听讲。

### 3. 礼貌

当登台发言时，先向师长、来宾敬礼，再向听众敬礼，发言完毕仍需按要求敬礼和道谢，再回座位。这样做的意义，是表示对师长、来宾和听众的礼貌和感谢师长对自己的培养与支持。观看演出中遇有精彩的表演及演出结束时应鼓掌致意，即表示祝贺和谢意。

### 4. 文明

观看影视、文艺演出、体育比赛或表演一种美的享受，需要创造一个整洁、优美的环境，因此，要做文明观众，这是自尊自爱的表现，也是尊重演员、运动员、工作人员、遵守公共秩序，遵守社会公德的表现。做文明观众要按时入场，不妨碍他人观看。

### 礼仪小贴士

**什么样的观众令人讨厌**

在观看表演或电影时，如果你有这样的举动，肯定会成为让别人讨厌的观众：

把外衣搭在自己前排座位的靠背上；

看电影或表演时不停地抱怨不够精彩；

用脚踢前排的椅子；

不停地离开座位来回走动；

手机突然响起。

## 实践训练

实践项目：主题班会设计

情境描述：以“我的中国梦”为主题，设计一次有意义的班会活动。

实践指导：

1．确定主题班会的形式；

2．确定各项目负责人；

3．确定邀请嘉宾的名单；

4．制定班活动有关纪律要求；

5．确定活动时间。

## 自主学习

### 一、判断题（正确的在括号内打“√”，错误的打“×”）

1．升旗仪式迟到了，国歌声响起，要赶快步入队伍。（　）

2．聆听国旗下讲话时，要有礼貌地鼓掌。（　）

3．积极参加班团活动，主动发表自己的见解。（　）

4．参加典礼迟到了，为不影响他人，应该离开会场，不再参加典礼。（　）

5．典礼结束前，为防止退场时人多拥挤，可提前退场。（　）

## 二、选择题

1．升国旗时，（　　）的做法是正确的。

A．面向国旗立正　　B．两眼平视前方

C．唱国歌　　D．停止所有自由活动

2．出旗时，护旗手应（　　）走向旗杆。

A．跑步　　B．齐步　　C．正步　　D．齐步或正步

3．主题班活动是（　　）。

A．班级活动形式之一　　B．学生的必备课

C．由班主任决定召开时间　　D．形式单一

4．典礼是（　　）。

A．学校大型活动　B．有集会性质　C．规模大小不一　D．隆重的场合

5．参加学校典礼活动，要注意（　　）。

A．穿正式礼服　　B．有序进场　　C．文明观看　　D．保持肃静

## 三、案例分析题

某学校在举办高雅音乐欣赏会。学生观众头脑中似乎还没有丝毫的“礼仪”意识，他们有的把会场当成休闲娱乐场所，时而乱走，时而手机铃声不断；有的则带零食和饮料进场。演出进行中，还不时听到各种器物碰撞摩擦的声响，时而还有喧哗声和随意走动者。请根据典礼礼仪有关知识，对以上行为做出评析。

# 评价考核

**表 1-3　校园集会礼仪评价考核表**

| 考评内容 | 校园集会礼仪 | | |
|---|---|---|---|
| 考核标准 | 内　　容 | 分值（分） | 评分（分） |
| | 升旗仪式不迟到、早退 | 15 | |
| | 升国旗时肃立致敬 | 10 | |
| | 认真聆听国旗下讲话 | 15 | |
| | 积极参加班团活动 | 20 | |
| | 参加典礼守时守纪 | 20 | |
| | 做一个文明的观众、听众 | 20 | |
| 合　　计 | | 100 | |

注：可自评或他人考评。评价考核分为 100 分，60～69 分为及格；70～79 分为中；80～89 分为良；90 分以上为优秀。

# 第4讲　求职礼仪

## 任务描述

**知识目标：**

1. 学会书写求职简历；
2. 了解面试时要做的各种准备；
3. 掌握面试技巧。

**能力目标：**

1. 做求职简历；
2. 用充分自信、进退有礼的面试，叩开职位的大门。

## 知识储备

无论是找工作还是换工作，求职都是人们必须经历的。可以说，求职是八仙过海，各显神通。求职中个人素养的高低，直接决定了求职的成败。今天在求职中通行的是双向选择，个人选择单位，单位也在选择员工，这既带给了我们每个人更多的机会，也给个人带来了更大的挑战。一般来说，能通过笔试参加面试的求职者，在硬件条件和专业能力上都相差不大，决定最后是否能被录取的是他的面试情况。如何在面试时给考官留下良好的印象，如何在求职面试时表现出良好的个人素养，是每一个求职者都需要思考的问题。

求职礼仪是求职者在求职应聘时必须掌握的交际规则，它是求职者个人综合素质的体现，对于初踏上社会的年轻人而言，掌握求职礼仪是尤为重要的。

### 一、求职简历

对于求职者而言，要想获得笔试、面试的资格，首先需要递送个人求职简历，所以一份好的求职简历可以起到敲门砖的作用，让求职者的求职之路更加通畅。

#### 1. 写求职简历的要求

（1）注重格式，简洁清晰。不要把求职简历写成烦琐保守的自传书信体，宜按内容采用清晰有序的板块列项式，精心排版打印，不宜使用彩色打印，要求重点明确，条理清楚。

（2）突出优势，言之有物。要通过突出自己的优势来推销自己，最好把最能展示自己优势的内容放在首页，以求醒目，尽量避免使用空话套话。

（3）客观真实，实事求是。求职简历所列内容务必真实详细，切忌为应聘而造假。

### 2. 简历的格式内容

（1）个人资料。包括求职者的年龄、性别、身高、民族、出生地、婚姻状况、住址等。

（2）教育情况。一般只写大专（中专）以上的教育情况。中学的教育状况一般不写。

（3）个人特长与通过的技能考试，或学过的与应聘职位相关的课程、培训等。

（4）工作经历。一般按照时间顺序写上工作经历，应届毕业生则可以写参加过哪些社会实践或实习活动。

（5）所获各类荣誉。

## 二、面试准备

所谓“凡事预则立，不预则废”，我们常说的有备而来指的就是说要做好充分的准备工作。在求职时，更要做好充分的准备，才能应对各种突发状况，应对面试中出现的各种疑难问题。

### 1. 准时到场，不迟到

当今社会，效率第一，在任何场合下，迟到都是失礼行为，求职者一般宜提前20～30 分钟到达面试地点。

### 2. 做好信息了解工作

“你想到我们公司从事什么职位？”当你面试时遇到这样的问题，该如何回答呢？很多人会选择这样的回答，“我愿意从事公司交给我的任何工作。”实际上，这样的回答却是求职中的大忌，因为这暴露出了你对信息的了解不畅。

（1）了解自身的优势和兴趣

所谓兴趣是最好的老师，对从事的工作抱有兴趣是敬业爱岗的原动力，一个不了解自身想从事什么职位的人，对工作也不可能有真正的了解。我们说“知己知彼，百战不殆”，“知己”是首先要做的，所以，一名求职者在投送简历之前，应当首先对自己有全面深刻的了解，了解自身的优势，了解自身的兴趣爱好，只有这样才能找到适合自己的工作。

（2）了解所求职的公司

企业的发展和企业文化的建立密不可分，现代企业要求员工具有企业荣誉感，具有企业的特质。这样的企业在招募新员工时，也希望录用那些对企业抱有良好憧憬的员工。在面试时，有的企业就会请求职者谈谈对公司、企业的理解，谈谈企业的发展轨迹，以及为何会到本公司应聘等。如果求职者对所求职公司有相应认识的话，就能在面试中给考官留下良好的印象。

（3）了解所求的职位

了解所求的职位，实际上也是对自己的一个判断，知道“我想做什么？”“我能做什么？”深入了解所求职位，了解职位的要求，既表明了求职者对所求职位的尊重，也表明了求职者的自信，传达出了一种良性的讯号。对所求职位需要有了解，对所求职的部门也应该有相应的了解，这样才能有更为全面和直观的体会。

### 3. 做好事前的模拟演练工作

台下准备得再充分，在面对满脸威严的考官时，怯场是难免的，而临场表现直接决定了考官对考生的印象。为了避免因为临场怯阵而导致的表现不佳，可以事先找父母或同学进行模拟招聘练习，增强临场的表现力。

## 三、面试技巧

### 1. 注重服装举止

（1）塑造整洁大方的职业形象

在面试中，第一印象是非常重要的，而所谓的第一印象实际上就是一个人的气质形象，气质形象与个人的服饰有很大关系。不论性别、年龄，也不论服装是否昂贵，最重要的是外在形象要整洁、大方而得体。

①男士

保持脸部的清洁，胡子一定要刮干净。头发梳理整齐，发型要求清爽简洁，适合个人的脸型，不宜过长或过短。最好选择职业装，以西装为主，选择稳重的深色，做到外套、衬衫、鞋袜的整体协调大方。

②女士

女士不宜留披肩发参加面试，服装也以色彩典雅稳重的职业装为佳，不宜穿太薄、太露、太透的服装，也不适宜选择过于时尚或休闲的衣服。职业装一般配黑色制式皮鞋，不宜穿凉鞋。如佩戴饰品，则应选择简单大方与服装相配的款式，化淡妆，不宜使用过浓的香水。

不论男士还是女士，在服装上都应注意细节，尤其是领子、袖口等部位，特别要注意皮鞋是否干净光亮。参加面试时，最好带包，将包内物品归置整齐。

（2）举止文雅得体

考官的考察从求职者进门就开始了。所以无论是走路的步态、站姿、坐姿还是谈话时的神态、语调等都是考察的方面，这些需要求职者在日常的生活中多加注意，养成良好的行为习惯。同时，求职者在踏入面试室的时候，应面露微笑，如果有多位考官，应面带微笑的环视一下，以眼神向所有人致意。一般而言，陌生人在相互认识时，彼此会首先留意对方的面部，然后才是身体的其他部分。面带真诚，自然，由衷的微笑，可以展示一个人的风度，风采。有利于求职者塑造自己的形象，给人留下美好的印象。

**礼仪小贴士**

**求职者在面试时要注意自己的行为举止**

1. 注意站正坐直，不要弯腰低头；

2. 双手放在适当的位置，并要安稳，不要做些玩弄领带、掏耳朵、挖鼻孔、抚弄头发、掰关节、玩弄招聘者递过来的名片等多余的动作；

3. 禁止腿神经质般的不住晃动、翘起等；

4. 自己随身带着公文包或皮包，也不要挂在椅子背上，可以把它放在自己坐的椅子旁边或背后。

### 2. 与考官形成良性互动

所谓良性互动，包含两个含义，一是对考官的问题要有问必答，切忌沉默不理；二是把握考官问题的意图，正确回答提问。虽然每家公司的面试题各有不同，但有一些问题，却是经常被考到的。例如：

（1）请给我们谈谈你自己的一些情况。

（2）请谈一下你对公司的看法，为什么你想来工作？

（3）薪水和工作，哪个对你更重要？

（4）如果公司录用你，你最希望在哪个部门工作？

（5）你完全可以到大公司任职，怎么想到来我们小企业？

（6）你愿意被外派工作吗？你愿意经常出差吗？

（7）你家在外地，单位无住宿条件，你如何看待呢？

（8）你为什么希望到我们公司工作？

（9）你为何要跳槽？

（10）请问你有什么样的工作观？

（11）你是否可以接受加班？

（12）你认为这份工作最重要的是什么？

（13）你择业考虑的主要问题是什么？

（14）你现在最感兴趣的是什么？

（15）空闲时喜欢什么消遣？

（16）你在自我调节方面做何种努力？

（17）学校学的课程对所应聘的工作有哪些帮助？

（18）你认为你的优势在哪些方面？

（19）你认为自己最大的缺点是什么？

（20）你所取得的最大成就是什么？

（21）请你说说在以前的工作上成功与失败的地方。

（22）你在大学里的学习成绩不敢恭维，你如何解释呢？

（23）你有什么社会实践经验？

（24）你为什么选择现在的学校和专业？

（25）你比较喜欢独立工作还是集体工作？

（26）请你谈一下和本工作有关的工作经验。

（27）若你到我们公司后，如何看待你本人的地位？

（28）你为什么要离开前一家单位？

（29）你如何看自己缺少工作经验这问题？

（30）依你现在的水平，恐怕能找到比我们更好的公司吧？

（31）来面试的有十位候选人，如何证明你是最优秀的？

（32）听说你对××很精通，不妨谈些你的看法吧？

（33）如果你被录用，是否马上就可以来上班？

（34）你怎样看待在工作中的错误？

（35）你喜欢什么样的上司？

（36）你认为对员工的管理严厉的好，还是宽松的好？

（37）你今后的打算是什么？

（38）你为什么这么长时间没有工作？

（39）为什么要录用你？

（40）你为什么想要换工作？

（41）谈一谈你在过去生活中遇到的问题，是如何解决的？

（42）你喜欢你们学校吗？你的老师怎么样？

（43）假如你可以拥有一本书，你会选择哪一本？

（44）你的任务完成了，而同伴未完成，你怎么办？

（45）毕业后为何不马上工作？

## 实践训练

**实践项目：**模拟应聘

**情境描述：**4～5 人一组，模拟求职应聘现场。

**实践指导：**

1．做好角色分工；

2．应聘者做好各项准备；

3．主提问准备好问题；

4．布置好应聘环境；

## 自主学习

### 一、判断题（正确的在括号内打“√”，错误的打“×”）

1．求职最重要的是面试，简历作用不大。（　　）

2．写简历要不厌其烦，力求全面详细地介绍自己。（　　）

3．面试时要注重自己的仪容仪表。（　　）

4．面试时，为营造轻松的氛围，说话、举止可以随便一些。（　　）

5．面试技巧决定你求职是否成功。（　　）

## 二、选择题

1. 简历一般包括（　　）。

A. 个人资料　　B. 教育情况　　C. 所获得的荣誉　D. 家庭情况

2.（　　）是求职的敲门砖。

A. 容貌　　B. 简历　　C. 面试　　D. 关系

3. 面试前可以做（　　）准备工作。

A. 了解应聘单位基本情况

B. 设想一些容易被提到的问题

C. 准备一个简短而精彩的自我介绍

D. 准备一套得体的服装

4. 面试着装，应（　　）。

A. 穿能吸引主考眼球的服装

B. 颜色亮丽，引人注目的服装

C. 以职业装为主

D. 随意一点，不要太在意

5. 面试时，考官的考察（　　）。

A. 主要看应聘者的临场发挥

B. 从进门即开始

C. 重点在于回答问题是否精彩

D. 以应聘者的行为举止为主

## 三、案例分析题

一位老师带领他的学生前往一大型集团公司参观，老总是该老师的大学同学，亲自接待，非常客气。工作人员为每位同学倒水，席间有位女生表示自己只喝红茶。学生们在有空调的大会议室坐着，大多坦然接受服务，没有半分客气。当老总办完事情回来后，不断向学生表示歉意，竟然没有人应声。当工作人员送来笔记本，老总亲自双手递送时，学生们大都伸手随意接过，没有起身也没有致谢。从头到尾只有一个同学起身双手接过工作人员递过来的茶和老总递来的笔记本时客气地说了声："谢谢，辛苦了！"最后，只有这位同学收到了这家公司的录用通知。请评析，为什么这位同学会成功？

## 评价考核

表 1-4　求职礼仪评价考核表

| 考评内容 | 求职礼仪 | | |
|---|---|---|---|
| 考核标准 | 内　容 | 分值（分） | 评分（分） |
| | 能正确书写个人简历 | 20 | |
| | 了解面试各环节 | 15 | |
| | 面试时自我介绍简短精彩 | 10 | |
| | 面试时言行得体 | 20 | |
| | 回答问题有技巧，重点突出 | 20 | |
| | 应聘着装大方得体 | 15 | |
| 合　计 | | 100 | |

注：可自评或他人考评。评价考核分为 100 分，60～69 分为及格；70～79 分为中；80～89 分为良；90 分以上为优秀。

# 第2单元

# 社交礼仪

你想做一个讨人喜欢的人吗？你想做一个被人接纳、富有魅力，甚至能够影响他人的人吗？那你必须懂得社交礼仪，注重个人形象。从点滴小事做起，可能是品德，可能是善良，也可能是得体的服饰、洁净的气味、温暖的微笑，当然还有生活中的礼貌和礼仪。这些都能充分展示我们每个人的形象，从而给别人留下良好的第一印象。

一个人的仪表形象包括仪容、服饰和仪态。美丽俊俏的容貌、自然和谐的服饰、大方得体的举止就是仪表美的主要标志。仪表美属于个体美的外在因素，又是一个人内在美和外在美的和谐统一，反映着人的精神状态。美好纯正、端庄大方的仪表与人的精神境界融为一体，展现着一个人的气质、风度与魅力。我们都知道，"仪表堂堂，风度翩翩""谦谦君子，淑女风范"历来为人们所称道，而这些风度和气质就是通过人的音容笑貌、言谈举止和服饰打扮等外在的形式表现出来的，它是人格魅力的辐射，是内在气质的焕发，是一种只可意会而不能言传的综合品质的体现。有的人会说："不是经常教导我们不可以貌取人，人不可貌相，海水不可斗量的道理吗？"但在具体的日常交往过程中，人的仪表却时刻影响着人的感觉、情绪、印象乃至交往的质量和结果。人际间的初次交往，仪表是最能引人注意的。有人说，交际中的"3 秒第一印象"60%来自仪表，所以为了在交际中给人以良好的第一印象，达到理想的交际效果，我们必须通过注重自己的仪表来进行良好的个人形象设计。

本单元重点学习仪容礼仪、仪表礼仪、仪态礼仪、交谈礼仪。

容体正，颜色齐，辞令顺，而后礼仪备。

——《礼记》

# 第5讲　仪容礼仪

## 任务描述

**知识目标：**

1. 了解妆容的整体要求。
2. 了解女士的妆容礼仪。
3. 了解男士的妆容礼仪。

**能力目标：**

1. 能够掌握不同场合的妆容要求。
2. 女士要学会简单的化妆和修饰自己，让自己更有魅力。
3. 男士要学会设计适合的发型和容貌，让自己更有活力。

## 知识储备

仪容是人的容貌，包括头发、面部等。讲究个人卫生、培养良好卫生习惯，既是交际中尊重对方的表现，也是社会公德问题。讲究个人卫生，不仅是指人们应勤洗澡，常刷牙，修剪指甲，梳理头发，而且还应注意在个人仪容方面的修饰，包括头发、鼻毛、胡须、腋毛、牙齿、指甲、体味、体声等方面。

### 一、妆容的整体要求

无论你的身份是学生还是成功人士，无论你着高级时装还是普通服装，关键是要干净大方，这是个人修养的最直接体现。

#### 1. 头发的要求

要遵循“三不”原则。不能有味、不能出绺、不能有头皮屑。

要适时梳理，头发要清洁、整齐、柔软、光亮，要根据自己的脸型、体型、年龄、发质、气质等选择与自己职业和个性相搭配的发型，以增强人体的整体美。男性的发式要给人以得体、整齐的感觉，应该显示成熟、为人们所喜爱。女士梳理清秀典雅的发型，能体现出持重、干练、成熟。

**礼仪小贴士**

**怎样让头发自然柔顺**

正确洗发：温水洗发；用少许洗发液轻柔地揉搓头皮及头发，重复两次后用温水冲洗干净；取适量护发素由发梢处慢慢向内揉搓数分钟。

正确吹发：每周用吹风机吹发不要超过 3 次，否则会使头发过于干燥，容易引起发梢分叉。

尽量少使用发蜡和发油，更要避免使用香味过于浓郁的头发定型产品。

### 2. 牙齿的要求

坚持“三、三”制，每日三餐后的三分钟内要漱口。

在出席社交场合前不能吃带有强烈气味的食品，例如韭菜、大蒜、臭豆腐等。

### 3. 面部的要求

人们应修饰面部，使其容光焕发、充满活力，给对方留下良好的印象。

男士在日常生活中尤其是出席社交场合中要注意修剪鼻毛和胡须，以保持面部的清洁。

### 4. 手部的要求

手要清洗干净，指甲要经常修剪、洗刷。

指甲长度要适当，不可留长指甲，也不可涂有色的指甲油。

切忌当众剪指甲。

### 5. 体味体声

要保持体味和口味的清新。

咳嗽、打喷嚏时，应用手绢捂住口鼻，面向一侧，避免发出大声，并道对不起。

不随地吐痰，培养良好卫生习惯。

## 二、女士的妆容礼仪

一个人仪容的好与劣，大体上有两个因素左右。一是本人的先天条件，二是本人的修饰和化妆。事实上，修饰和化妆对于仪容的优劣往往起到很大的作用。世上有真正完美的仪容的人是少之又少的，人们都是通过后天的修饰与化妆来使自己的仪容变得更加得体。人们常说“三分长相，七分打扮”就是这个道理。可见化妆在个人仪容上起到了相当大的作用。

### 1. 化妆的最高境界

在一些公众场合，化妆不仅是职业的需要，也是尊重他人的一种表现。参加正规的社交活动，化妆是必需的，有的时候，不化妆甚至被人视作是不礼貌的表现。女士化妆不是单纯的涂脂抹粉，化妆是一门艺术，要掌握化妆的技巧，是件不容易的事，要化好一个妆容，更加是件不容易的事。化妆的最高境界是有妆似无妆。一个化妆界里颇有名气的化妆师这样说道：劣质的化妆效果，就是丑化自己；普通的化妆效果，是将自身与他人区别开来；而化妆最好的效果，是你化了妆，让人觉得，你好像没有化过妆一样，你天生就是这么美，而你化好的妆又正好凸显出了你的气质和内涵，这就是一个成功的妆。

### 2. 化妆的基本工具

（1）化妆品：普通乳液，粉底（粉底液和粉饼任选一种）、眉笔、眼影、睫毛膏、唇彩、腮红等。

（2）工具：眼影刷（一般的眼影盒都有附带的）、睫毛夹、腮红扫等。

### 3. 化妆的基本步骤

第一步：乳液，常见的乳液就行了，在洗完脸后起护肤和滋润的作用。

第二步：粉底，粉底能起到均匀和提亮肤色的作用。如果本身皮肤很好，也可以只抹常见的滋润乳液，不需要粉底了。常见的粉底有粉底液和粉饼两种。

**礼仪小贴士**

**怎么擦粉底**

如果是粉底液，就用手指蘸取少量，分别点在额头、鼻梁、脸颊、下巴等处，然后轻轻推匀。如果是粉饼，那是最容易的了，只要用粉扑均匀地扑上就好。

第三步：化眉，眉笔的颜色最好与自己的眉毛颜色相接近，东方人通常为咖啡色、棕色或灰色。

**礼仪小贴士**

**化眉小技巧**

化的时候尽量淡，从眉头到眉梢依次地化，眉头最好一笔一笔地化，从下到上，从内到外地化，眉梢要一笔带过，避免修改。化眉最重要的是经验，多化了自然熟练。

第四步：眼影，最普通也最简单的一种方法就是同一色彩以不同深、浅的色彩，自眼睑下方至上方、由深至浅渐次化上，可以塑造目光深邃的效果。眼睛看起来会变大至少 1/3，且很有神、很闪亮。

第五步：睫毛，刷睫毛前先用睫毛夹夹卷后再刷，睫毛应夹 3 次（夹时注意勿夹到眼皮）：第 1 次夹根部，第 2 次夹中段轻轻向上弯，第 3 次夹尾端。

第六步：唇，化唇一般有 2 种工具唇膏和唇彩。一般用唇彩就可以了，唇彩的颜色最好与服装的主题色一致。

第七步：腮红，选出适合色系的腮红，对着镜子微笑，颧骨的部位就是腮红可以打上的部位。使用时每次的腮红量要少、要淡，可多刷几次直至效果完美。

通过上面 7 个步骤，自己试着化一个简单的妆容。

### 4．不同脸型的化妆技巧

无论是淡妆还是浓妆，恰当地使用化妆品，并且根据自己的脸型，找到适合自己的化妆方法是非常重要的。

（1）椭圆脸型化妆：椭圆脸型也称鹅蛋脸，是公认的理想脸型，化妆时不必过多的进行修饰，只要保持自然形态就可以了。

胭脂：应涂在颊部颧骨的最高处，再向上，向外揉化开。

唇膏：除唇形有缺陷外，尽量按照自然唇形涂抹。

眉毛：可顺着眼睛的轮廓修成弧形。眉头应与内眼角齐，眉尾可稍长于外眼角。

（2）长形脸化妆：长形脸的人，化妆时力求达到的效果是增加面部的宽度。

胭脂：应注意离鼻子稍远些，在视觉上拉宽面部。抹胭脂时可沿颧骨的最高处与太阳穴下方所构成的曲线部位，向外，向上抹开。

粉底：若双颊下陷或者额部窄小，应在双颊和额部涂以浅色调的粉底，造成光影，使之变得丰满些。

眉毛：修正时应使眉毛成弧形，切不可过于有棱有角；眉毛的位置不宜太高，眉毛尾部切忌高跷。

（3）圆形脸化妆：圆形脸一般比较圆和宽，给人可爱的印象，若要修正成标准的椭圆形脸型其实也不难。

胭脂：可从颧骨起始涂起，至下颌部，注意不能简单地在颧骨突出部位涂成圆形。

唇膏：可在上嘴唇涂成浅浅的弓形，不能涂成圆状的小嘴巴，以免有圆上加圆的感觉。

粉底：可用来在两颊造阴影，使圆脸消瘦一点。

眉毛：可修成自然的弧形，可做少许弯曲，不可太平直或有棱角，也不可以过于弯曲。

（4）方形脸化妆：方形脸的人以双颊骨突出为特点，因此在化妆时，要增加柔和感。

胭脂：宜涂抹与眼部平行，切忌涂在颧骨最突出处。可抹在颧骨稍下处并往外揉开。

粉底：可用暗色调在颧骨最宽处造成阴影，令其方正感减弱。

唇膏：可涂得丰满一点，增加柔和感。

眉毛：应修得稍宽一些，眉形可稍带弯曲，不宜有角。

### 5. 彩妆与服饰的搭配

一般来说灰、黑、白服装适合任何化妆的颜色。其他颜色的服装，可搭配如下：

（1）蓝紫色系：穿深蓝、浅蓝、紫红、玫红、桃红等服装，一般眼影用棕色、紫红色、深紫色或浅蓝色；腮红用粉色、粉红色；口红用紫红色系。

（2）粉红色系：穿白、黑、灰、粉红、红灯衣服，眼影可用棕色、粉红色、驼色、橘红色或灰色调；腮红可用粉色或红色；口红用红色等。

（3）棕色系：穿淡棕、深棕、驼色、米色等服装，眼影可用棕色、驼色、灰色调；口红用红色系。

春夏秋冬四个季节的妆容应根据四季的不同来化妆，例如，春天是万物苏醒，鲜花盛开的季节，春天的妆容更多的是绿色和鲜艳的颜色；冬天，万物凋零，人们的衣着打扮也以暗色为主，因而冬季的化妆不宜过分的艳丽，应该与衣服的颜色，风格一致。

### 6. 香水的正确使用

香水是女性美容化妆品之一。不仅有除臭，添香，止痒等功效，还能刺激大脑，使人兴奋，消除疲劳，使用香水应该注意以下几点：

（1）最好将香水洒在手腕、颈部、耳后、太阳穴、臂弯里、膝头等不完全暴露的位置；不要将香水擦在面部，这样会使脸部皮肤受到刺激，加速皮肤的老化。

（2）香水不宜洒得太多、太集中，最好在离身体20厘米处喷洒。

（3）不要同时将不同牌子的香水混用。

（4）香水不要喷在首饰上，这样容易让首饰褪色。

（5）夏日出汗后不宜再用香水，否则汗味和香水味混杂在一起，给人留下污浊不清新的感觉。

**礼仪小贴士**

**香水使用禁忌**

1. 不要混合使用香水。会破坏每种香味的个性及调味感。
2. 香水有化学成分，避免使用在钻石或皮革上。
3. 香水中含有麝香成分，因此孕妇应避免使用香水。

### 7. 化妆的注意事项

首先，正确认识自己。化妆的目的是扬长避短，掩盖自身有缺陷的地方，展示自己面部最有魅力之处，这就是化妆的效果。

其次，注意时间和场合。不同的场合化不同的妆容，平时上班的妆容与参加休闲娱乐活动的妆容是不一样的，和去参加舞会的妆容更是不同的。

第三，公共场合不能当众化妆、补妆，不指责、评价他人的妆容，不借用他人的化妆品，还要随时避免妆容残缺，及时补妆。

## 三、男士的妆容礼仪

男士注重形象也是提升外在气质的重要手段。生活中常常有这样的误解，认为化妆修饰是女性的事情，男性往往不需要化妆，其实不然。不过相对而言，男士的化妆修饰要简单一些。

### 1. 发型

职场男士标准的发型应该是：短发为主，头发前不盖眉，侧不掩耳，后不及领，这样显得专业、干练。

头发要常洗，不可有异味和头皮屑。如果肩部留有头屑，会让男士形象大打折扣。

如果是艺人或歌星为了体现与众不同的个性则另当别论。

### 2. 面部清爽

男子干净的面容是社交的第一步，现在越来越多的男士也开始用洗面奶洗脸，以达到脸部清爽的效果。

清洁步骤：

（1）用温水先润湿脸部。

（2）用适量的洗面奶轻轻搓揉。

（3）用温水冲净脸部的洗脸奶。

（4）用凉水再冲洗。

清洁完脸部后，一般来说男子宜每天剃须修面。

面部清洁还须注意口腔，鼻腔的清洁卫生。因此我们要坚持早晚刷牙，刷牙要坚持在 3 分钟左右，才能起到洁齿的效果。刷牙还需要掌握正确的刷牙方法。平时在保护好牙齿的同时，我们还须注意饮食方面，不要吃生蒜，葱，韭菜一类带有刺激性味道的食物，避免与人交谈时，让人感到不愉快。不可在他们面前剔牙缝等。同时我们还应该保持鼻腔的清洁，不要在他人面前剜鼻孔，鼻毛也应该经常修剪。

### 3. 手部清洁

定期修剪指甲，不留长指甲。

保持手部的干净，勤洗手。

男士切忌涂抹指甲油，这样会显得很不正气。

### 4. 身体和气味

男士平时应该经常参加体育锻炼，这样会让自己的身体充满活力，增添个人魅力。

注意在工作场合腿毛不要外露，这会让女士很不自在。

男士可根据自己的喜好选择适合自己的香水，这样会提升男士们的个人魅力。

### 礼仪小贴士

**男士香水使用禁忌**

1. 抽烟的男士最好不要使用香水，因为混合了香烟的香水，会散发很怪的味道。
2. 男士不要使用女士香水。
3. 男士切忌使用太浓的香水。

## 实践训练

**实践项目**：根据所特定的场合和对象进行化妆练习。

**情境描述**：小娜下午要去参加同学的结婚宴会，她身高 165 厘米，身材匀称，圆形脸，双眼皮，皮肤有些偏黄，你该如何给她化妆呢？

**实践指导**：

1. 发型设计要适合自己的脸型；
2. 参照化妆七步骤；
3. 圆形脸化妆注意事项；
4. 化妆时如何均衡肤色；
5. 晚宴化妆和服装颜色相统一；
6. 选择适合的香水。

## 自主学习

### 一、判断题（正确的在括号内打“√”，错误的打“×”）

1. 头发的要求应根据自己的脸型、体型、年龄和职业等设计相配合的发型。（ ）
2. 上班时应朴素大方，不宜化妆。（ ）
3. 女士如果粉色系列的着装应该搭配灰色眼影和紫红色口红。（ ）
4. 男士和女士香水是可以混合用的。（ ）
5. 男士的化妆修饰应该和女士一样，因为成功男士更应该注重提升自身形象。（ ）

### 二、选择题

1. 常用的化妆品有（ ）。

A. 普通乳液　　B. 粉底　　C. 眉笔　　D. 眼影

2. 下列表述中正确的有（ ）。

A. 化妆的时候应考虑不同的时间和场合

B. 可以在公共场合当众补妆

C. 指甲要经常修剪，切忌当众剪指甲

D. 每天三餐后三分钟内要漱口

3．在彩妆与服饰的搭配中下列搭配合理的是（　　）。

A．黑白服装适合任何化妆的颜色

B．紫蓝色系衣服宜使用棕色紫色眼影，口红用紫红色

C．粉红色系衣服宜使用棕色灰色调眼影，口红用红色

D．粉红色系衣服宜使用棕色灰色调眼影，口红用紫红色

4．不同的脸型化妆技巧中下列说法正确的是（　　）。

A．椭圆形脸是公认的理想脸型，化妆时不必过多的进行修饰，只要保持自然形态就可以了

B．长方形的脸在化妆时力求达到的效果是增加面部的宽度，眉毛尾部切忌高跷

C．圆形脸在用粉底时可在两颊间造阴影，使脸消瘦一点

D．方形脸胭脂宜与眼部平行，切忌涂在颧骨最突出处。可抹在颧骨稍下处并往外揉开

5．男士在提升外在形象时应注意（　　）。

A．发型只要时尚好看就行

B．保持面部清爽，一般来说男子应该每天剃须修面

C．抽烟的男士为了消除身上的异味应使用较浓的香水可去除异味

D．平时表情要大方得体，目光温和，经常保持微笑可充分体现男士的魅力

### 三、案例分析题

有一位女士去应征财务经理，路上正好碰上一场大雨，幸好出门早又带了伞，才没迟到。当她来到招聘单位的门口时，取出纸巾把鞋擦干净，顺手把纸扔进了垃圾桶。当她坐在面试经理面前时，经理看完证书后，没问她任何问题，微笑着告诉她："欢迎你加入我们公司。"当她不可置信看着经理时，经理告诉她："第一，这样的天气你仍然来了，说明你做人很有原则，很守信用；第二，你没有迟到，说明你准备充分，所以能早出门，很守时；第三，你的衣服没湿表示你关注天气预报，来的时候一定带了伞；第四，刚刚从公司的监视器里看到了你的行为，证明你很有修养，很细心。一个人的习惯是无法刻意掩饰的，所以我们很愿意和你这样的人成为同事。"

## 评价考核

表 2-1　仪容礼仪考核表

| 考评内容 | 仪容礼仪 | | |
|---|---|---|---|
| 考核标准 | 内　容 | 分值（分） | 评分（分） |
| | 化妆基本步骤操作规范 | 20 | |
| | 各类人群头发的规范要求 | 10 | |
| | 清洁面部的规范 | 10 | |
| | 彩妆与服饰的搭配规范 | 10 | |
| | 不同脸型的化妆技巧 | 20 | |
| | 女士的妆容礼仪规范 | 15 | |
| | 男士的妆容礼仪规范 | 15 | |
| 合　计 | | 100 | |

注：可自评或他人考评。评价考核分为 100 分，60～69 分为及格；70～79 分为中；80～89 分为良；90 分以上为优秀。

# 第 6 讲　仪表礼仪

## 任务描述

**知识目标：**

1. 了解着装礼仪的基本要求和原则。
2. 了解女士着装礼仪。
3. 了解男士着装礼仪。

**能力目标：**

1. 女士能够根据不同的场合着装得体大方。
2. 学会各种饰品的合理搭配。
3. 男士学会打领带，在正式场合会选择得体的西装。

## 知识储备

### 一、着装礼仪原则

我们在日常生活和公共场合要注意服饰的礼仪之美。常言说：“人靠衣装，马靠鞍”；“三分长相，七分打扮”。从古到今，着装成为人仪表美的一部分。

服饰，在一些特定的场合，反映出一个人的修养、品味、审美观，更能体现出一个民族的文化素养，精神面貌和物质文明的发展。一个人如果只有优美的仪容，健美的形体，而没有得体、色彩搭配协调的服饰，那么在人际交往中，就不会有美的形象。如果一个人不修边幅，形象邋遢，那么他给人的感觉是缺乏教养，不稳重。如果一个人穿着得体，搭配恰当，给人的感觉则是有教养，注意小节，稳重。

### 1. 着装的原则

在社交场合，得体的服装是一种礼貌，一定程度上直接影响着人际关系的和谐。一般来说影响着装效果的因素有以下三点：

（1）与文化修养和审美能力有关；

（2）与自身的形体和气质有关；

（3）与是否掌握着装的常识和原则有关。

构成服装美的因素是多方面的，例如服装的色彩，款式，材质的选择和搭配等。但着装首先要注意的是整体和谐，除了服装本身的色彩、图案、款式和风格上要统一和谐之外，在服饰的配饰上，如帽子、手套和皮包等也要力求与服装本身相搭配，做到整体协调，相得益彰。其次，服装的整洁性也是非常重要的。衣服熨烫平整，保持整洁，看起来就精神饱满，给人留下很好的印象。我国人民敬爱的周恩来总理，无论在何时何地，他的衣着都是整洁大方，穿着得体，待人谦虚，大方庄重，给后人树立了一个潇洒的典范。

### 2. 着装 TPO 原则

着装的 TPO 原则，是英文：Time Place Object 三个词首字母的缩写。T 代表时间，季节，时令，时代；P 代表地点，场合，职位；O 代表目的，对象。着装的 TPO 原则告诉我们穿着要扬长避短，符合身份。

（1）与时间相适应。春夏秋冬四季变化，穿着应该不同。现代人的穿着与古代或者近代人也有不同，我们应选择适合这个时代和时间的衣服来穿着。

（2）与地点相适应。着装应与场合相适应。不同的场合穿着的衣服应该“因地制宜”。如参加商务会议与参加朋友的生日聚会穿着的衣服是不同的。参加演出，舞会等，服装就要穿时髦一点。上街购物，旅游观光，服装就可以穿的休闲舒适一点。

（3）与交往的目的对象相适应。得体的穿着能给人留下好的印象，与人交往也往往能顺利开展。现在越来越多的企业、机关、学校等开始注重统一着装。统一的着装成为一个组织，一个单位的标志和象征。

### 3. 着装和谐原则

（1）穿着要和年龄相协调。年轻人的穿着应该体现年轻人的朝气蓬勃和青春活力。而中老年人的穿着应比较庄重，雅致，整洁大方。

（2）穿着要和形体相和谐。人的形体差异很大，有的人身材比较匀称，有的人偏胖，有的人偏瘦。世界上人的形体是没有十全十美的。穿衣服的时候应根据自己的形体来挑选合适自己的衣服。例如，身材矮胖，颈粗脸圆者，适合穿深色V字形领，或者大U字形领的套装。身材匀称，体型较好的，适合穿高领和圆领等。

（3）穿着要和职业相和谐。不同的职业的着装是不同的。例如：企业，服务性行业都有规定的职业装，教师有教师的服装，学生的穿着应该是校服等。

## 二、女士着装礼仪

俗话说："男穿牌子，女穿样子"，女士在着装上往往比男士有更多的选择和变化。

一般来说女士的着装可分为职业服装与社交服装。职业类的服装一般又分为：办公室服装和工作服。女性的办公室服装一般选择职业的套装、套裙为好。颜色多为白色、米色、灰色等，款式简洁，大方。工作服一般指特定行业的服装，如邮政、医院、税务、公安等。女士参加社交活动时候穿着的服装称为礼服。礼服中参加晚宴的服装最为隆重，一般以裙装为主，隆重的礼服为拖地长裙，如新娘礼服等。一般场合的裙装不必太长，也不要太短，还可以加一些配饰来作为装饰。

### 1. 服饰的搭配

（1）服饰搭配的要求

①整洁大方

服装如若穿着端庄大方，会让对方感到亲切、可信，乐于与你交往。男士服装线条简洁有力，女士服装色彩丰富，显出文雅，贤淑，温和的气质。

②整体和谐

服饰礼仪中的整体，不是光指生活中的衣服和装饰物，而是指在着装后的一种整体状态。它体现了一个人所在的社会地位、民族习惯、风土人情以及人的修养、趣味等。因此，我们在着装时应做到舒适和谐。

③展示个性

在现代社会中，选择什么样的服装很能反映出穿着者的个性特征。追求个性美，是大多数现代人的一大趋势。那么我们在追求个性美的时候也应该把握好以下的三点：首先不要与同去参加活动的同伴穿一模一样的衣服，免得撞衫，特别是在一些公共性的场合，一样的衣服，容易引起人们的评头论足；其次不要与你同去参加活动的同伴的服饰反差太大。例如，一个闪闪发亮，一个发灰发暗。特别是要与活动的主题相一致；最后在服饰的款式、色调和质地上，应尽量与在场的领导相协调，避免过分突出自己，颠倒“主从关系”。

**礼仪小贴士**

**服装颜色搭配小常识**

1. 对比色搭配。指两个相对或相隔较远的颜色搭配，如黑白灰是中性色与其他颜色搭配都不会出现大问题，记得“黑白搭配是永恒的经典”哦。

2. 协调色搭配。指两个比较接近的颜色的搭配，会使搭配的服装显得柔和文雅。如藏青色配天蓝色、墨绿色配浅绿色等。

3. 身上服装的颜色一般不宜超过 3 种。花色系列的服装，上身若是浅色，下身应该是深色。上身若是深色，下身就要浅色。

（2）服饰面料的搭配

一般来说，身材偏胖的人适合穿着厚薄适中，轻柔的衣服；身材高而瘦的人，应选择面料稍厚一些的，这样显得精神。

（3）服装颜色的选择和搭配

没有不美的颜色，只有不美的搭配。服装色彩的适当搭配，能起到不同的效果。如深色的衣服，会使人显得瘦，而浅色的衣服会使人显得胖。

服装的色彩与人的肤色也有很大的关系。如黄皮肤的人应该避免穿蓝紫、朱红的衣服，因为这样一来，皮肤会显得更黄。皮肤黑的人，不宜选择黑色、褐色、大红的颜色的服装。脸色红的人，不宜选择绿色的衣服。而白色是一个百搭色，它几乎适合任何肤色的人。

在颜色的搭配上，我们应该选择相接近的颜色。颜色一般分为三类：暖色，冷色，中间色。红、黄、橙以及相接近的色彩为暖色系。青、蓝色为冷色。绿色和紫色是中间色。冬选暖色，夏选冷色是服装色彩搭配的原则。

## 2. 饰品的搭配

（1）鞋袜

鞋子的选择：一般来说鞋子的颜色应与衣服的颜色匹配。一般穿西装穿皮鞋，穿休闲的服装或者便服可穿运动鞋。

袜子的选择：稳重的西服装，应配黑色的皮鞋，黑色的皮鞋应搭配深色的袜子。女士袜子的色彩可适度鲜艳，一般出席正式的社交活动，应穿肉色的长筒袜。避免露出腿部肌肤。

（2）围巾与帽子

女士的围巾有多种，有方巾，丝巾，围巾等。丝巾的作用不只在脖子上，还可以系在身体的其他地方，如系在手上或披在肩上。女士在选择帽子的时候，应与自己的脸型、年龄、衣服、发型等相配。在公务活动中如上班、洽谈生意、观看演出的时候，通常将帽子摘下，以示礼貌。

（3）配包

配包是女性不可缺少的配饰，其有手提式、手拿式、肩挂式等多种类型。配包的颜色要与季节、服装、场合、气氛相协调。注意正规场合不要背大配包入场，社交及公共场合比较适合手提式皮包。女士可多准备几个不同款式、颜色、质地的配包，根据出席的场合和服饰来搭配不同的配包，以达到和谐统一美。

（4）其他配饰的搭配

一般来说女士的配饰还有项链、耳环、戒指、手提包等。男士的配饰还有墨镜、手表、皮带等。它们可以展现出人的高雅气质，华贵的风姿，只要适合自己的配饰，再加上搭配地恰当就能起到画龙点睛的作用。在饰品的搭配上，一般讲究：以少为佳，同质同色，注意搭配（见图6-1）。

图6-1　饰品

佩戴首饰的时候，有不同的讲究。

①手镯和手链

手镯和手链不是必要的装饰品，因此职业妇女在工作时无须佩戴，也最好不带。

平时如果要戴不要超过两只，带一只一般戴在左手上，戴两只时可一只手戴一个或两只都戴在左手上。

注意手镯和手链不宜和手表一同佩戴。

②耳环

耳环的选择应与自身的脸型相匹配，例如，圆脸的人适宜选择链式的耳环，方形脸的人适合选用小耳环，长脸型的人适宜选用宽宽大大的耳环。

③戒指

戒指是一种无声的标志，戴在左手上，戴在每个手指上的意义不同。通常不能戴在大拇指上。一般只戴一枚，不超过两枚，忌满手戴戒指。在同一只手上戴两枚戒指时，最好选择相邻的两只手指，千万中间不要隔着一座“山”，两枚戒指色泽要一致，如果一枚戒指复杂时，另一枚一定要简单。如果无意中戒指带错了手指，被人误会是很失礼的一种行为。

**礼仪小贴士**

**你知道戒指佩戴的学问吗？**

戒指的佩戴可以说是表达一种沉默的语言，往往暗示佩戴者的婚姻和择偶状况。

戒指带在食指上——表示无偶或求偶。

戒指戴在中指上——表示已经有了意中人，正处在恋爱中。

戒指戴在无名指上——表示已订婚或结婚。

戒指戴在小手指上——暗示自己是一位独身者。

④项链

项链的佩戴应与服装相匹配。穿运动服或者是便服的时候，不宜佩戴别致的项链。穿旗袍或者晚礼服的时候，选择的项链的长度，质地等应与穿着的服装相一致。适当的衣服配上适当的项链能提高你的气质。

**礼仪小贴士**

**女性社交场合的着装**

在一般的社交场合，女性可以穿连衣裙或穿中式上衣配长裙。夏天可以穿长、短袖衫配长裙或者过膝裙，至少要长过膝盖，穿长裤不符合礼仪规范。超短裙和牛仔裤在社交场合不宜穿着。

## 三、男士着装礼仪

西装，也称西服，源于欧洲，是世界性公认的男子正规服装，也是男士在正式场合着装的最佳选择。西服的制作工艺和质地是极其讲究的，因此西服的选择和搭配要遵守一定的规范才能穿出西服的品位。一般来说，剪裁合体，整洁笔挺，色彩较暗，无明显花纹的单色西服套装适合于各种场合的穿着。男士在穿着西服时应该注意以下几点：

（1）西服套装上下颜色应该一致。穿西服时，里面一般都是穿衬衫，配上领带。

（2）穿西服套装必须穿皮鞋。球鞋，布鞋，便鞋等都不适合穿西装时穿。

（3）配西服的衬衣的颜色应与西服本身相协调，质地要好，一般而言，衬衫以淡色居多（见图 6-2），最常用的是白色衬衫。在正式的场合，忌穿花色或者颜色鲜艳的格子衬衫来搭配西装。衬衫的袖口以长出西装袖口的 1.5～2.5 厘米为宜。穿西装时，衬衫要塞进裤腰内。衬衫内切忌再穿高领毛衣或者棉毛衫。如果不打领带，最上面的衬衫纽扣可以松开。衬衫袖子的扣子一定要扣紧，袖子切忌翻起。

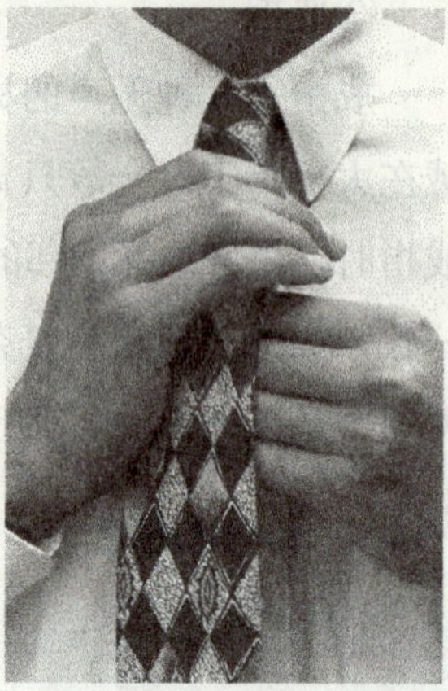

图 6-2 男士着装

**礼仪小贴士**

**领带的搭配**

有图案的领带不宜配穿花纹衬衣；

领带的花纹不能与西服或衬衫花纹重复；

喜庆和宴会场合适宜选用色彩鲜艳亮丽的领带；

在庄严肃穆的场合应选用深色或黑色的领带。

（4）穿西装在正式场合必须打领带。领带的选择应与西装和衬衫相搭配。西服，衬衫，领带中有两件为素色。

领带的打法也很有讲究，一个完美的领带结，加上一套合适笔挺的西装，可以衬托出一位优秀成功男士的魅力和气质。领带的打法最基本的有四种：驷马车结、半温莎结、温莎结和普瑞特结。

（5）领带系好后，两端应自然下垂，宽的一片遮住窄的一片，以宽的领带尖刚好与裤腰齐平为宜，切忌领带垂至裤腰下。

（6）领带夹是领带的一个装饰品，除了固定领带的作用外，还有美观的效果。

领带夹应夹在领带上位于衬衫扣子从上往下数第四至第五个扣子之间。

（7）一般来说，西服的商标标签应及时摘掉，以免出席正式场合时让人贻笑大方。

## 实践训练

**实践项目：**练习在正式场合怎样穿西装打领带

**情境描述：**你应邀参加一个新闻发布会，并作为特邀嘉宾需发言，请问你如何着装？

**实践指导：**

1．根据邀请函内容明确着装的“TPO 原则”，即时间、地点和对象；

2．正式场合应着装西服，在搭配时注意西装的着装要求；

3．西装应配皮鞋和相近色的袜子；

4．注意西装领带的打法和领带夹的搭配；

5．和对方沟通提前准备好发言稿。

## 自主学习

### 一、判断题（正确的在括号内打“√”，错误的打“×”）

1．如果一个人穿着得体，搭配恰当，会给人留下有教养、稳重的好印象。（　　）

2．身上服装的颜色一般不宜超过 5 种。花色系列的服装，上身若是浅色，下身应该是深色。上身若是深色，下身就要浅色。（　　）

3．戒指带在中指上表示无偶或求偶。（　　）

4．女性在社交场合要着裙装或穿中式上衣配长裙。穿长裤不符合礼仪规范，超短裙和牛仔裤在社交场合不宜穿着。（　　）

5．领带夹是领带的一个装饰品，除了固定领带的作用外，还有美观的效果。领带夹应夹在领带上位于衬衫扣子从上往下数第二至第三个扣子之间。（　　）

### 二、选择题

1．着装的 TPO 原则，代表的含义是（　　）。

A．T 代表时间、季节、时令、时代，是英文 Time 首字母的缩写

B．P 代表地点、场合、职位，是英文 Place 首字母的缩写

C．O 代表目的、对象，是英文 Object 首字母的缩写

D. 着装的TPO原则告诉我们穿着要扬长避短，符合身份

2. 在服装颜色的搭配上，应该选择相接近的颜色。颜色一般分为以下哪（　　）三类。

A. 暖色系为红、黄、橙以及相接近的色彩

B. 中间色系为黑、白、灰三色

C. 冷色系为青、蓝色

D. 中间色系为紫、蓝色

3. 下列领带的搭配正确的是（　　）。

A. 有图案的领带不宜配穿花纹衬衣

B. 在庄严肃穆的场合应选用深色或黑色的领带

C. 喜庆和宴会场合适宜选用色彩鲜艳亮丽的领带

D. 领带的花纹不能与西服或衬衫花纹重复

4. 下列佩戴戒指正确的有（　　）。

A. 戒指带在食指上表示无偶或求偶

B. 戒指戴在中指上表示已经有了意中人，正处在恋爱中

C. 戒指戴在无名指上表示已订婚或结婚

D. 戒指戴在小手指上暗示自己是一位独身者

5. 男士在穿着西服时应该注意以下几点（　　）。

A. 西服套装上下颜色应该一致

B. 西服的商标标签应及时摘掉，以免出席正式场合时让人贻笑大方

C. 穿西服套装时可根据需要穿皮鞋和休闲鞋

D. 穿西装在正式场合必须打领带，领带的选择应与西装和衬衫相搭配

### 三、案例分析题

丽丽晚上要出席一个非常重要的宴会，但是她对于服装的色彩却没有过多地思考，而是选择了一条色泽明亮的橙黄色礼服，还自搭了一条五彩的围巾，自我感觉不错的王玲匆匆去赴宴了。到了宴会后，朋友们都说丽丽的脸色不太好，问她是不是不舒服。原来，王玲本来皮肤就暗黄，选用黄色的服装后显得精神不振、无精打采。而且那条长长的围巾也惹来了朋友们异样的眼光，都笑称丽丽是这次宴会的“花孔雀”。丽丽感到甚是尴尬，后悔当初没用心挑选适合自己的服饰。因此，她在宴会上感觉很不自在，没等宴会结束就找借口离开了。

## 评价考核

表 2-2　仪表礼仪评价考核表

| 考评内容 | 仪表礼仪 | | |
|---|---|---|---|
| 考核标准 | 内　容 | 分值（分） | 评分（分） |
| | 着装颜色的和谐搭配 | 15 | |
| | 女士在正式场合的着装 | 20 | |
| | 女士服装配饰的搭配 | 15 | |
| | 男士西装的注意事项 | 15 | |
| | 男士领带的打法 | 15 | |
| | 男士在正式场合的着装 | 20 | |
| 合　计 | | 100 | |

注：可自评或他人考评。评价考核分为 100 分，60～69 分为及格；70～79 分为中；80～89 分为良；90 分以上为优秀。

# 第 7 讲　仪态礼仪

## 任务描述

**知识目标：**

1. 了解微笑和眼神等表情规范。
2. 了解站姿、坐姿和走姿。
3. 了解手势礼仪。

**能力目标：**

1. 会用微笑和眼神与人沟通交流。
2. 掌握正确得体的站姿、坐姿和走姿。
3. 掌握正确的手势礼仪。

## 知识储备

### 一、表情规范

表情规范指人们的表情在表达过程中所遵守的彼此能够接纳的规定。面部是人体表情最丰富的部分，它表达人们内心的思想感情，表现人的喜、怒、哀、乐，对人们所说的话起着解释、澄清、纠正或强调的作用。

### 1. 微笑

在法国的卢浮宫博物馆里，陈列着一幅具有永恒魅力的作品，那就是达·芬奇的代表作《蒙娜丽莎的微笑》，蒙娜丽莎以其含蓄又充满魅力的微笑，把人的微笑美提升到了一个光照寰宇的境界。笑有多种，常见的有微笑、大笑、欢笑、苦笑、奸笑、傻笑、冷笑等。笑容是社交中最富有吸引力，最有价值的面部表情。不同的笑容表达着不同的感情，笑容能缩短人与人之间的距离，形成良好的沟通气氛。无论是在谈判桌上，还是在旅途中、公司里、学校里，恰如其分的微笑是礼貌的表现，是自信的象征，能使他人心情舒畅，使自己事事顺利。

怎样才能正确地运用好微笑呢？

（1）掌握微笑的要领。微笑的主要特征是，面含笑意，但笑容并不显著。微笑时，是不闻其笑声的，也不见其牙齿的。

（2）微笑时，先要放松自己的面部肌肉，让嘴唇成弧形，在不露出牙齿，不露出牙龈的情况下，轻轻一笑。

（3）力求表里如一，真正的微笑是发自内心的，富有丰富内涵的，渗透着情感的微笑才是有感染力的微笑，这就是所谓的以笑传情。

微笑是心理健康的标志，一个奋发进取，积极向上的人，总是微笑着面对社会，走向生活，无论是熟人还是陌生人，微笑是送给他们最好的礼物。

### 2. 眼神

眼神是面部表情的核心，是心灵的窗口。

（1）对眼神的认识

人们在交际场所，眼神是一种深情的、含蓄的无声语言，往往可以表达有声语言难以表现的意义和情感。人的眼睛时刻在“说话”，时刻道出内心的秘密。如交谈时注视对方，则意味着对其重视；走路时双目直视、旁若无人，则表示高傲；频频左顾右盼则表示心中有事；对来访者只招呼而不看对方则表明工作忙而不愿接待等等。交际时，目光接触是常见的沟通方式，但眼神却会表示不同的含义。如相互正视片刻表示坦诚；瞪眼相视表示敌意；斜着扫一眼表示鄙视；正视、逼视则表示命令；不住地上下打量表示挑衅；白眼表示反感；眼睛眨个不停表示疑问；双目大睁表示吃惊；眯着眼看既可表示高兴，也可表示轻视；左顾右盼、低眉偷觑表示困窘；行注目礼表示尊敬等。

**礼仪小贴士**

**眉毛应该怎么“传情”**

眉毛应该与眼睑一道保持自然、舒展的状态，不要轻易牵动眉毛。在正式的社交场合与异性接触时，尤其要避免眉毛乱动，以免引起不必要的误会，让人感觉过于轻浮。

（2）眼神的礼仪规范

在交际中，要注意注视对方的时间、位置和讲究眼神的礼仪规范。

①注视的时间

与他人交谈时，不可长时间地凝视对方。一般情况下，眼睛有 50%的时间注视对方，另外 50%的时间注视对方脸部以外的 5～10 厘米处。对东方人也可只保留三分之一时间注视对方，自始至终地注视对方是不礼貌的。在社交场合，无意与别人的目光相遇不要马上移开，应自然对视 1～2 秒，然后慢慢离开。与异性目光对视时，不可超过 2 秒，否则将引起对方无端的猜测。必须根据所观看的对象和场合把握好注视的时间。

②注视的位置

用目光注视对方，应自然、稳重、柔和，而不能死盯住对方某部位，或不停地在对方身上上下打量，这是极失礼的表现。注视对方什么位置，要依据传达什么信息、造成什么气氛而异；要依据不同场合、不同对象而选择具体目光所及之处和注视的区间。

人们在普通的社交场合采用的注视区间是社交注视区间。这一区间的范围是以两眼上线，以下颌额为顶点所连接成的倒三角区域。由于注视这一区域最容易形成平等感，容易营造良好的社交氛围，人们常在茶话会、舞会、酒会、联欢会以及其他一般社交场合运用。注视谈话者这一区域，能让谈话者轻松、自然，能比较自由地把他们的观点、见解表达出来。

具有亲密关系的人在交谈时采用的注视区间为亲密注视区间，它主要是看着对方的眼睛、嘴部和胸部。恋人之间，至爱亲朋之间，注视这些区域能激发感情，表达爱意。

③不同民族、不同文化的差异

不同国家、不同民族、不同文化习俗对眼神的运用也有差异。例如，在美国，一般情况下，男士是不能盯着女士看的；两个男士之间也不能对视的时间过长，除非是得到对方的默许；日本人对话时，目光要落在对方的颈部，四目相视是失礼的；阿拉伯民族认为，不论与谁说话，都应看着对方。大部分国家的人们忌讳直视对方的眼睛，甚至认为这种目光带有挑衅和侮辱的性质。

④敢于正视对方

在交谈中敢于礼貌地正视对方，是一种坦荡、自信的表现，也是对他人尊重的体现。谈话中眼睛往上、往下、眯眼、斜视、闭眼，游离不定、目光涣散，漫不经心等，都是在交际中忌讳的眼神。当别人难堪时，不要去看他；交谈休息时或停止谈话时，不要正视对方。

## 二、举止礼仪

举止落落大方，动作合乎规范，是个人礼仪方面最基本的要求。每个人的举止随时都在传递着他的情绪，反映着他的心态，同时也会给他人留下印象。快乐、疲惫和失意……一个人的身体动作说明了一切。

### 1. 站姿

古代主张“站如松”，是说人的站姿要像松树一样的端正挺拔。站立是人们在交际场所最基本的姿势，是其他姿势的基础。良好的站姿是一种静态的美，正确的站姿是培养优美典雅仪态的起点，会给人以挺拔，高大，精力充沛，积极向上的印象。

（1）正确的站姿要领

站姿的特点是：端正、挺拔、舒展、自然。

要领：

①头正，双目平视前方，精神饱满，表情自然放松。

②双肩平且放松，手臂自然下垂，放于身体两侧，手心向里，中指微贴裤缝。

③收胸，收腹，立腰，夹臀。整个形体显得庄重、平稳、自信而有力度。

④双腿夹紧，立直，脚跟并拢，脚尖外展45～60度。

（2）女士优雅站姿

①“丁”字形站姿动作要领

一脚在前，将脚跟靠于另一脚内侧，两脚脚尖稍稍展开，形成斜写的一个“丁”字，双手在腹前相握，身体重心在两脚掌中间。如图7-1所示。

②“V”字形站姿动作要领

头抬起，面朝正前方，双眼平视，颈部挺直，双肩放松，腰部直立，呼吸自然。脚掌分开呈“V”字形，角度在 20～30 度，脚跟并拢，两膝并严，双手相握，轻轻放于小腹前。一般适用于商务和服务行业。如图 7-2 所示。

图 7-1　丁字形站姿

图 7-2　V 字形站姿

（3）男士的标准站姿

在标准站姿的基础上，双腿分开，但不超过自己的肩宽，右手搭在左手上并贴于腹部或臀部。主要用于商务和服务行业。如图 7-3、图 7-4 所示。

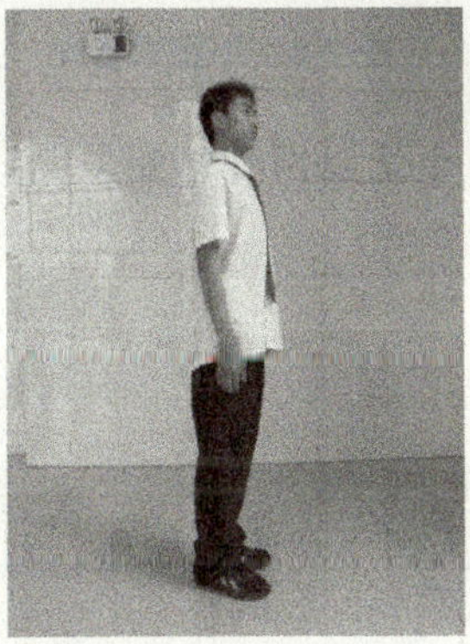

图 7-3　男士标准站姿

图 7-4　规范站姿

（4）站姿禁忌

我们在站立的时候，切忌无精打采，东倒西歪，不要靠在墙上或者椅背上，不能将手插在裤袋里或者交叉放在胸前。还要注意，不要下意识地做小动作，过多的小动作会给人留下不自信的感觉，缺乏端庄的仪态。在某些场合，我们站立的时候往往会觉得手足无措，手不知道该往什么地方放，与人交谈时，我们可将手在体后交叉，右手放在左手上。若手上有物品，可根据物品摆出优雅的姿势。如下图的不雅站姿就会显得很没精神。如图 7-5、图 7-6、图 7-7、图 7-8 所示。

图 7-5 不雅站姿 1

图 7-6 不雅站姿 2

图 7-7 不雅站姿 3

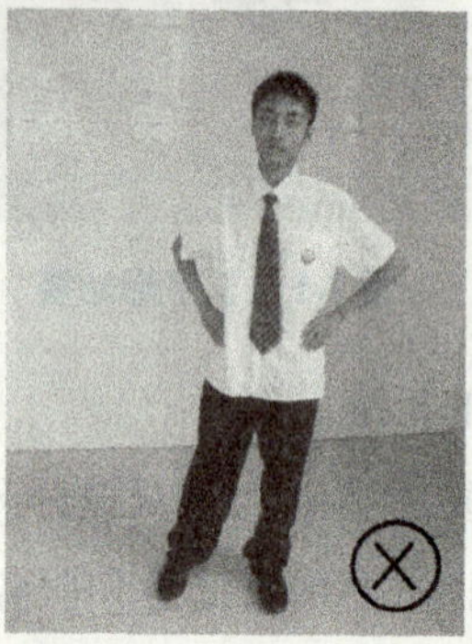

图 7-8 不雅站姿 4

总之，站姿应该是优美、自然、轻松的，不论以何种站姿呈现，改变的只是脚的角度，身体是绝对要端正挺拔的。

### 2. 坐姿

（1）坐姿的基本要领

坐姿也是一种静态的姿势，端庄的坐姿给人留下优雅、稳重、大方的感觉。

坐姿的要点是：安详、雅致、大方、得体。

要领：

①入座要轻而稳，走到座位前，转身后，右脚向后撤半步，轻稳坐下后，将右脚和左脚并齐。

②坐在椅子上，上身自然挺直，面容平和自然，两肩平正放松，两臂自然弯曲，放在膝上，或是放在椅子或者沙发的扶手上，掌心向下。

③双膝自然并拢，双腿自然着地。

④在社交场合，不论做椅子或是沙发，以坐椅子的三分之一为宜。

⑤离座时，右脚往后先收半步，然后站起。

（2）坐姿的要求

为了让坐姿更加优美，应该注意，入座要轻柔，就座不可东倒西歪，不可以高跷二郎腿，不可以不停抖动双腿。女士着裙装入座的场合，应用手将裙装稍稍拢一下，不要坐下后再站起来整理衣服，就座时，不要满靠在椅背上。人们常说的“坐如钟”就是这个道理。

一般来说，正式的社交场合下，男性在坐下时，两腿之间可有一拳的距离；女性在坐下时，双腿并拢无空隙。入座后，双腿自然弯曲，不宜前伸。在非正式场合，男性入座后可以跷腿，但不可跷得过高或者抖动。

（3）几种坐姿

①正襟危坐式。最基本的坐姿，使用于最正规的场合（男女通用），如图 7-9 所示。

要领：上身与大腿，大腿与小腿成直角，小腿垂直于地面，双膝双脚完全并拢。

②垂腿开膝式。较为正规（多用于男性），如图 7-10 所示。

要领：上身与大腿，大腿与小腿成直角，小腿垂直于地面。双膝分开，但不超过肩宽。

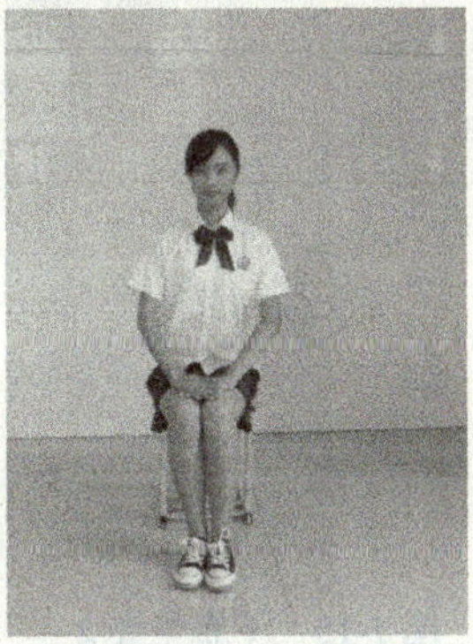

图 7-9　女士标准坐姿

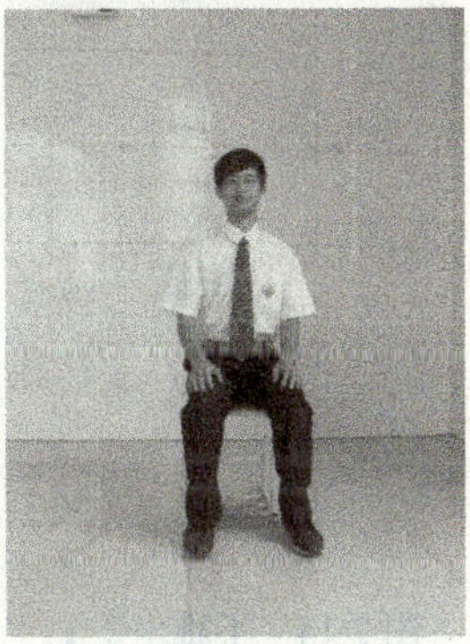

图 7-10　男士标准坐姿

③双腿叠放式。适合穿短裙子的女士采用。这样显得造型优雅，大方高贵，如图 7-11 所示。

要领：将双腿完全一上一下交叠在一起，交叠后两腿之间没有任何的缝隙，双腿斜放于左侧或右侧。斜放后的腿部与地面成 45 度角。

④双腿斜放式。适用于穿裙子的女性（在较低处就座的场合），如图 7-12 所示。

要领：双膝先并拢，然后双脚向左或者向右斜放，力求使斜放后的腿部与地面成 45 度角。

⑤双腿交叉式。适用于各种场合（男女通用），如图 7-13 所示。

要领：双膝并拢，双脚在踝部交叉。交叉后的双脚摆成“丁”字形。

图 7-11　双腿叠放式坐姿

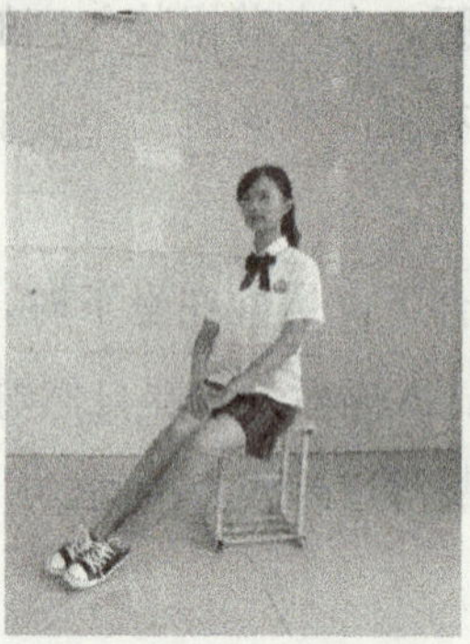

图 7-12　双腿斜放式坐姿

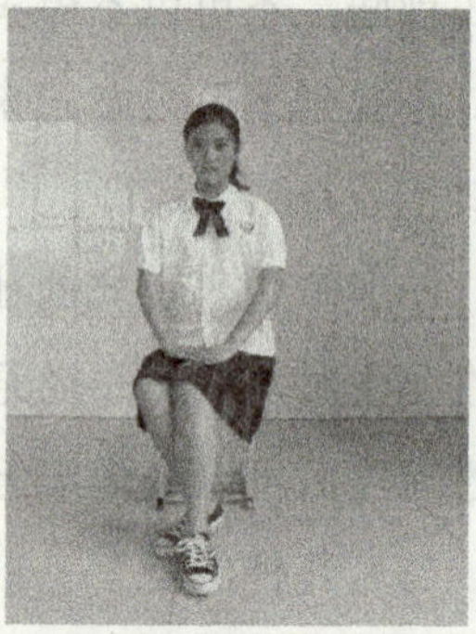

图 7-13　双腿交叉式坐姿

（4）坐姿禁忌

入座后双腿不宜叉开太大（女士不可将双腿分开），不宜过分伸展，更不宜跷所谓的“二郎腿”。忌坐下后抖动腿部等。以下坐姿在任何时候都是不雅的。如图 7-14、图 7-15、图 7-16、图 7-17 所示。

图 7-14　不雅坐姿 1

图 7-15　不雅坐姿 2

图 7-16　不雅坐姿 3

图 7-17　不雅坐姿 4

### 3. 走姿

（1）走姿的要领

标准的行走姿势，是以端正的站姿为基础的。女性行走姿态的特点是：轻松、敏捷、健美；男性行走姿态的特点是：协调、稳健、刚毅。总的来说，走姿的要点就是：从容、平稳、直线。

其要领如下：

①在上身直立，收腹立腰标准站姿的基础上，重心略微前倾，双目向前平视，面带微笑。

②双臂自然摆动，摆动要以肩关节为轴。手臂要摆成直线，肘关节略屈，上臂带动前臂向前。手臂摆幅不超过 30 度。掌心向内，勿甩手臂，后摆时，勿甩手腕。

③行走的轨迹是一条直线，跨出的步子应该是全脚掌着地。

④走姿美不美，关键是由步度和步位决定的。步度是指行走时两腿之间的距离。一般来说脚跟离未踩出一脚脚尖的距离恰好是自己的脚长。走路时最好的步位是：两只脚所踩的是一条直线而不是两条平行线。

⑤停步，拐弯，上下楼梯，应从容不迫，控制自如。

走路时应用腰力，要有韵律感，如果走路的时候腰部松懈，拖着脚走路，都给人一种精神萎靡不振，不美观的感觉。走路不要大甩手，扭腰摆臀，左顾右盼，切忌走成内八字或者外八字。走路做到出步和落步时脚尖都正对前方，抬头挺胸，迈步向前。眼睛平视前方，不要回头张望。

（2）走姿的要求

在日常生活中，走姿不可能呈现一种模式，一般由于职业、着装、场合的不同而不同。总的来说，我们走路的姿态应该保持步态轻盈。男士应挺起腰板，摆正脑袋，步伐大而稳健；若想给人儒雅的形象，可以放慢脚步。若是年轻人，富有活力，应增加步履的节奏感等，如图 7-18、图 7-19、图 7-20 所示。走路的时候，不要横冲直撞，行进中一定要目中有人，不要随意在人群中穿行，不要手插裤兜，也不可多人排成横队，阻挡道路。

（3）走姿的分类

常见的走姿有以下几种分类：一字步，随意步，舞台步，旗袍步，时装步，体操步等。

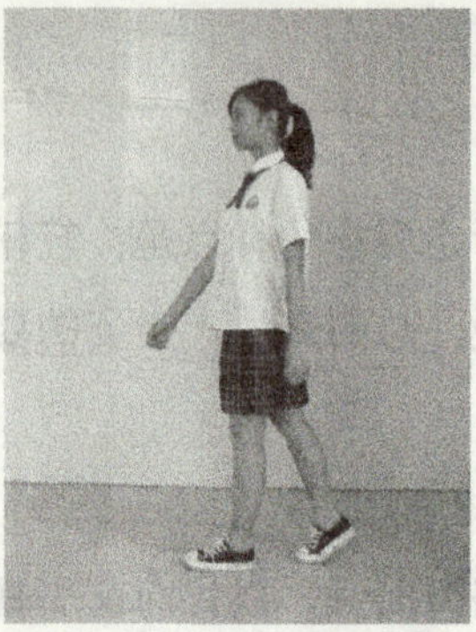

图 7-18　走姿

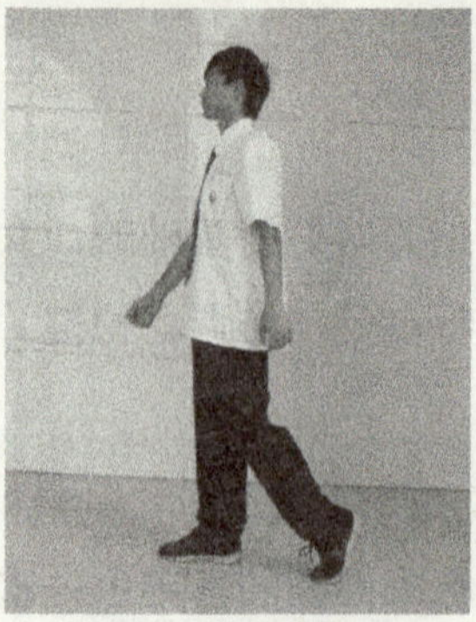

图 7-19　走姿

图 7-20　走姿

（4）不良走姿及纠正

行走最忌内八字、外八字；不可弯腰驼背、摇头晃肩、扭腰摆臀；不可膝盖弯曲，或重心交替不协调，使得头先去而腰、臀后跟上来；不可走路时吸烟、双手插在裤兜；不可左顾右盼；不可无精打采，身体松垮；两臂不可摆动过快，幅度过大或过小。

**礼仪小贴士**

**在行走中如何捡东西最优雅**

拾起掉在地上的东西时，一般是习惯弯腰将其捡起，其实这种仪态从礼仪的角度看，是不雅观的。优雅的做法是：

交叉蹲式：下蹲时，右脚在前，左脚在后。右小腿垂直于地面。左腿在后与右脚交叉重叠，臀部向下，上身稍前倾。

高低式蹲姿：下蹲时左脚在前，右脚稍后，不重叠。两腿靠紧向下蹲。形成左膝高，右膝低的姿态，臀部向下。

男士一般采用第二种下蹲方式。女士两种皆可，但是切记腿要靠紧，重心下移。

#### 4．蹲姿

（1）规范的蹲姿

下蹲时，应左脚在前，右脚靠后。一般形成左膝高右膝低的姿势，女士应并紧双腿，特别是着裙装时要避免“走光”，男性则可适度分开。

（2）常见的蹲姿有半跪式和半蹲式。如图 7-21、图 7-22 所示。

（3）低处拾物

当需要捡拾掉落在地上的东西时，最好走近物品，单腿下蹲，上身立直，这样既轻松又优雅，如图 7-23 所示。

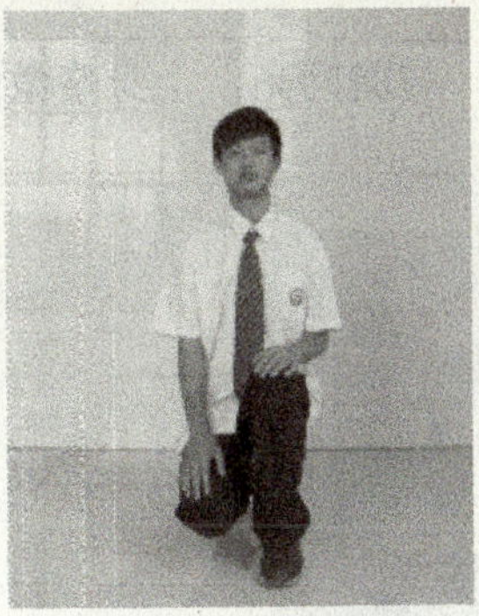

图 7-21 正面蹲姿

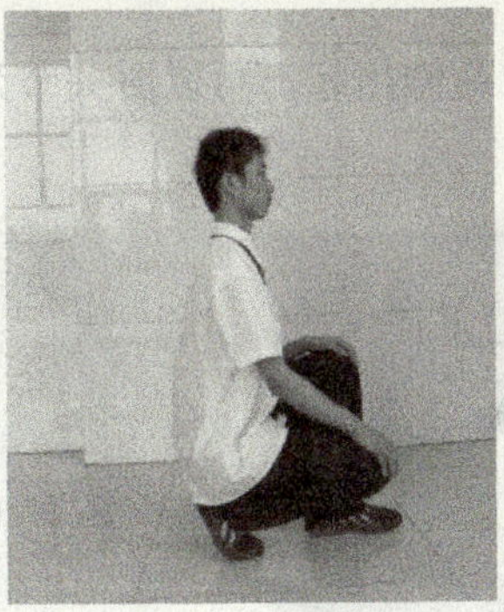

图 7-22 侧面蹲姿

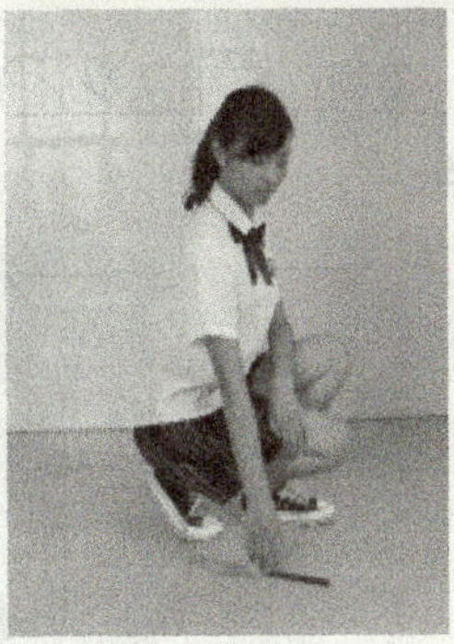

图 7-23 拾物

## 三、手势礼仪

手势是人们利用手来表示各种含义时所使用的各种姿势，是人们交际时不可缺少的体态语言。手势美是动态美，如果能够恰当地运用手势来表达真情实意，就会在交际中表现出良好的形象。

在现实生活中，不同的手势，表达不同的意思，为避免手势使用不当，引发交际双方沟通障碍甚至误解，必须注意手势运用的准确性。

### 1. 引导手势动作要领

为客人或嘉宾引路指示方向时，上身稍向前倾，面带微笑，自己的眼睛看着目标方向，并兼顾客人是否会意到目标。手势以肘关节为轴，大小手臂弯曲 130 度左右，手掌与地面基本上成 45 度，动作幅度不宜过大。以下是常用的几种引导手势：

（1）横摆式

用于“请进”时的手势，如图 7-24 所示。

要领：眼睛看着手指的方向，手从体前横摆到与腰同高。

（2）斜摆式

用于“请坐”时的手势，如图 7-25 所示。

要领：目光兼顾客人和椅子，一只手由前抬起，再以肘关节为轴，前臂向右下，到与大腿中部齐高，上身前倾。座位在哪里，手应指到哪里。

（3）直臂式

用于“请往前走”、“请您这边走”时的专业引导手势，如图 7-26 所示。

要领：手臂伸直与肩同高，掌心向上，与地面形成 45 度角，朝指示的方向伸出前臂。

（4）双臂式

用于面对多人时，做“诸位请”时的手势，如图 7-27 所示。

要领：双手从身体前向两侧抬起，再以肘关节为轴，与胸同高，上身略微前倾一点。

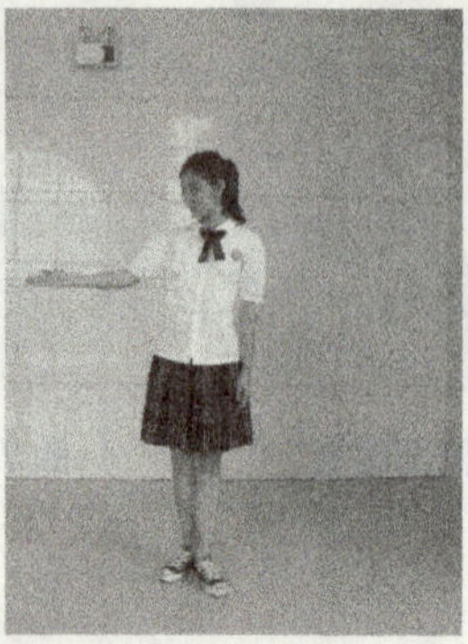
图 7-24　横摆式

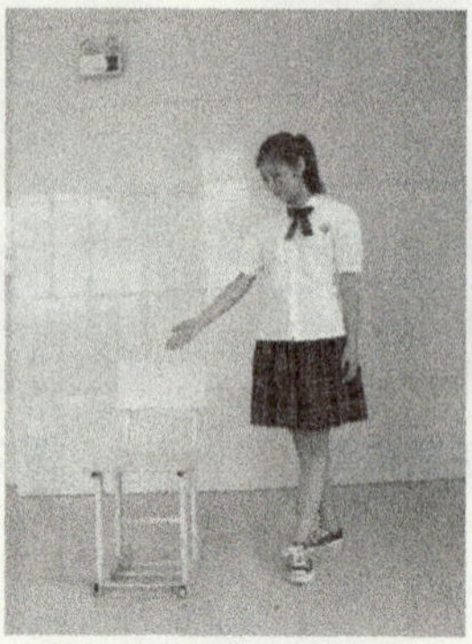
图 7-25　斜摆式

图 7-26　直臂式

图 7-27　双臂式

### 2. 举手致意动作要领

此动作大多用于工作繁忙而无法向对方问候时，可向其举手致意，一般面向对方，面带微笑，手臂上伸，五指并拢，指尖朝上，掌心向外就能让人感到很温暖。

### 3. 挥手道别操作规范

身体站直，手臂向前平伸，掌心朝客人，指尖向上，手臂向左右两侧挥动，目光注视对方，直至对方在你的视线范围内消失，就会给对方很热情的感觉。

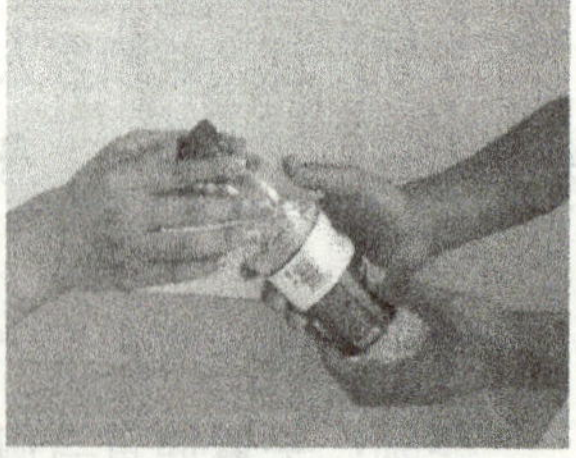
图 7-28　双手递接

### 4. 递接物品动作要领

（1）双手或右手递送，如果是用左手递送物品，通常被视为失礼之举。双手递送最好，如果不方便双手应采用右手为宜，如图 7-28 所示。

（2）方便接拿，如果是带有文字的物品，应把物品的正面朝向对方，以方便对方接过后阅读，在递送时应尽量为对方留出接拿的地方。如图 7-29、图 7-30、图 7-31 所示。

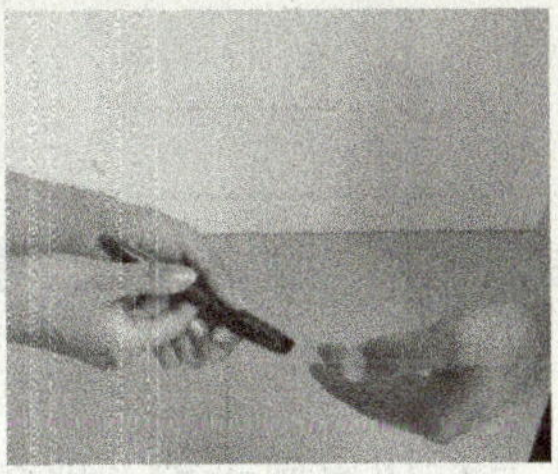
图 7-29 方便接拿

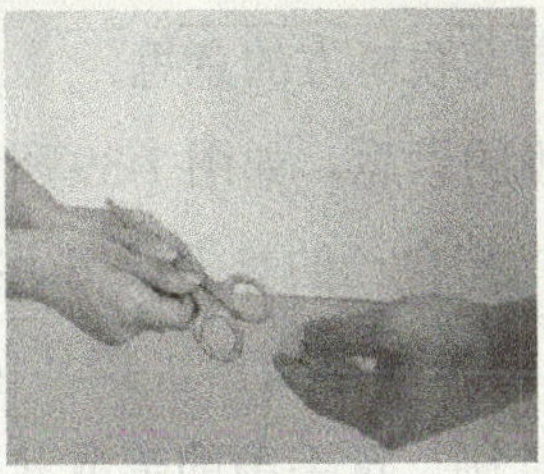
图 7-30 安全接拿

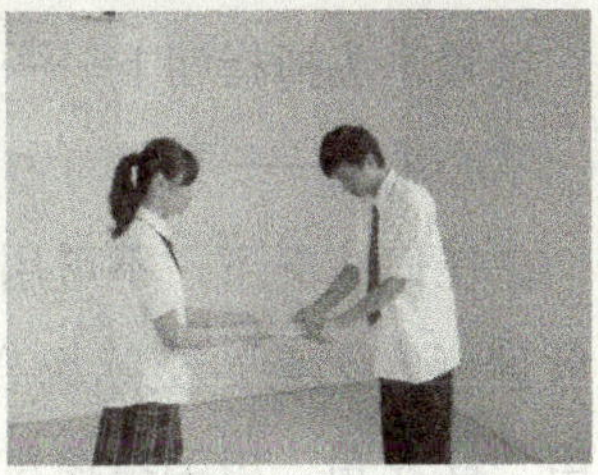
图 7-31 礼貌递接

（3）递送带刃、带尖等易伤人的物品，切忌把刃尖指向对方，应朝自己或其他方向。图 7-32、图 7-33、图 7-34 所示，都是错误的。

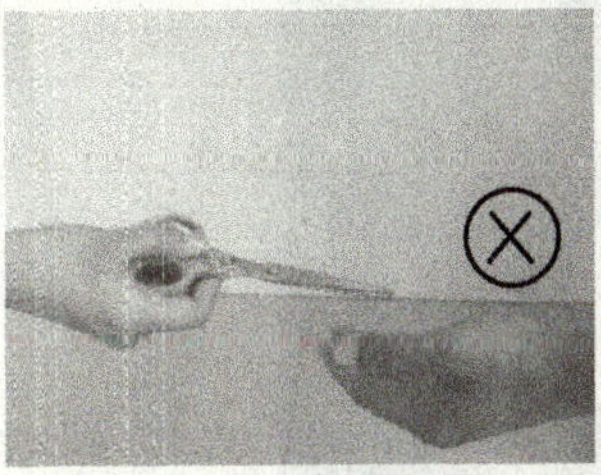
图 7-32 错误递接 1

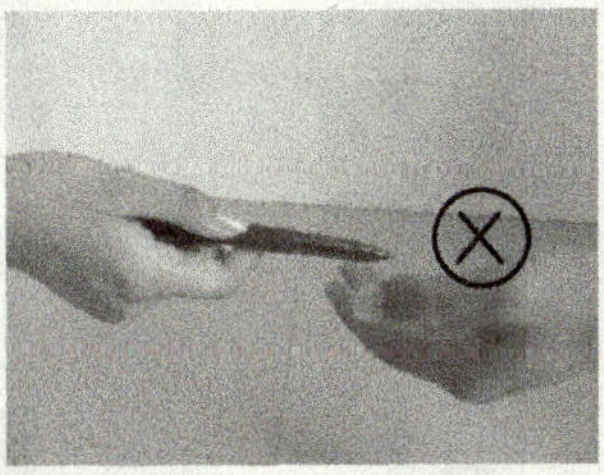
图 7-33 错误递接 2

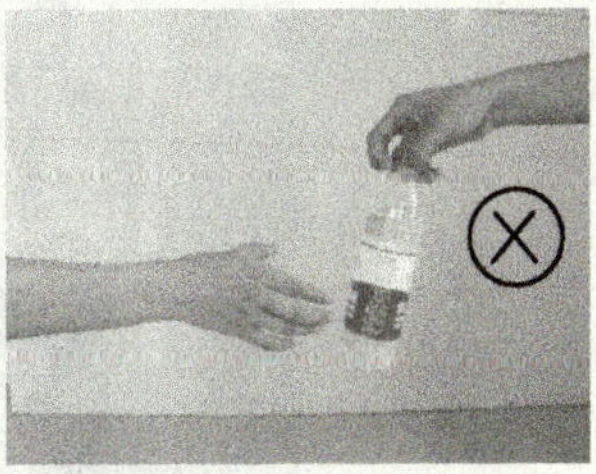
图 7-34 错误递接 3

### 5. 不同手势的含义

同样的一种手势在不同的国家、地区有不同的含义，千万不可乱用而造成误解。

（1）翘起大拇指——在中国是肯定、赞扬的意思，表示“了不起、很棒”。但在澳大利亚、新西兰和英国等国家则表示搭车的意思，如图 7-35 所示。

（2）“V”形手势——在中国代表数字“2”，或是“胜利”的意思，但要注意：掌心向外才是胜利的意思，如果掌心向内则是一种侮辱人的意思，如图 7-36 所示。

（3）“OK”形手势——在中国代表数字“3”，表示赞同“好的”，在法国表示“没有”或“毫无意义”，在地中海国家暗示一个男人是同性恋，在日本表示“现金”，如图 7-37 所示。

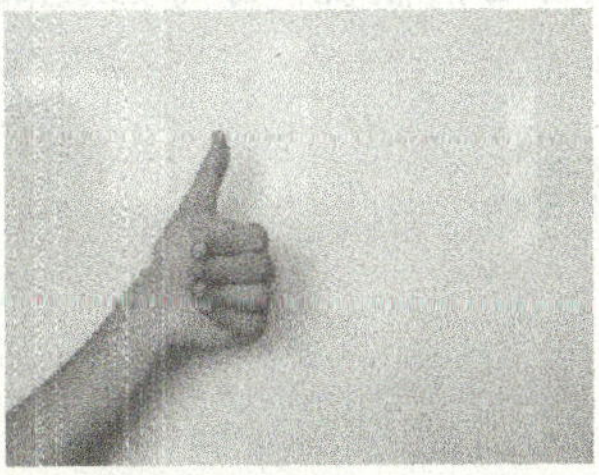
图 7-35 翘大拇指

图 7-36 “V”形手势

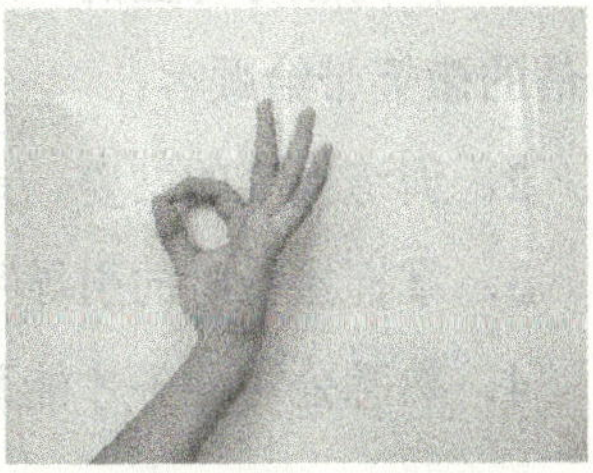
图 7-37 OK 形手势

（4）最忌讳的手势：

用食指指人——具有攻击性，如图7-38所示。

握紧拳头拇指朝下——具有鄙视对方的意思。

掌心朝上——有对对方轻视的意思，如图7-39所示。

在任何情况下，不可用拇指指自己的鼻尖或用手指指点他人，这含有妄自尊大和教训别人之意。交际场合不可当众搔头皮、掏耳朵、抠鼻孔眼屎、搓泥垢、修指甲、揉衣角、用手指在桌上乱画、玩手中的笔或其他工具；切忌做手势，或指指点点。

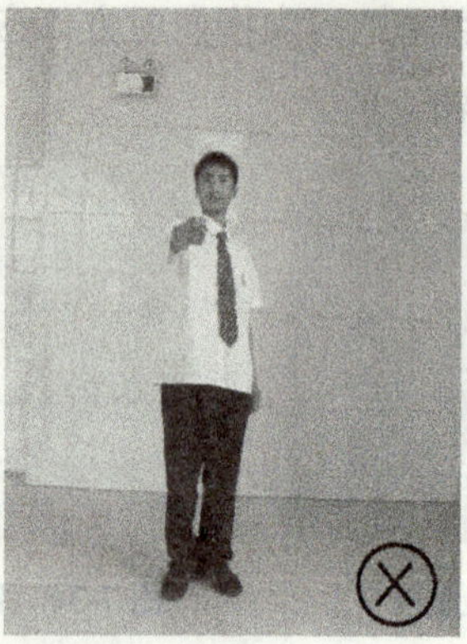

图7-38 食指指人

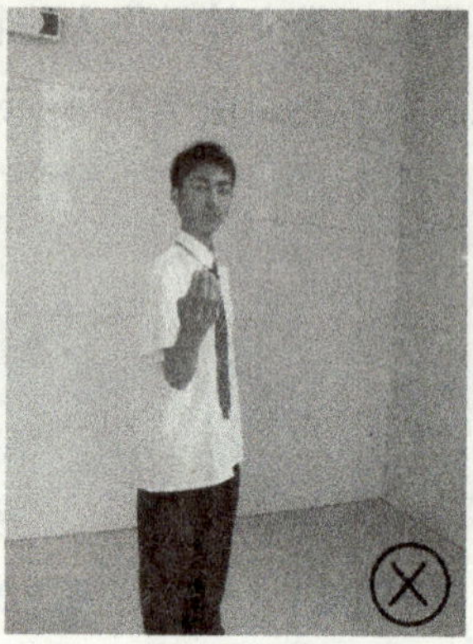

图7-39 掌心朝上

## 实践训练

**实践项目**：举止礼仪的训练

**情境描述**：小李刚应聘到某银行工作，被分配到大厅做前台接待，公司要求每位员工要举止得体，代表银行形象，请问：刚到银行工作的小李在前台工作中应注意哪些行为举止？

**实践指导**：

1．作为服务行业的一线窗口接待人员的微笑会让顾客心情愉悦，小李应把甜美自信的微笑带给顾客；

2．训练标准的站姿、走姿和坐姿，才能体现公司形象；

3．掌握接待时的引导手势；

4．熟悉公司业务才能赢得顾客信赖。

## 自主学习

### 一、判断题（正确的在括号内打“√”，错误的打“×”）

1. 笑容是社交中最富有吸引力，最有价值的面部表情。不同的笑容表达着不同的感情，笑容能缩短人与人之间的距离，形成良好的沟通气氛。（ ）

2. 眉毛可以“传情”，所以在正式社交场合与异性接触时，要用多动眉毛会意对方表示尊重。（ ）

3. 走姿的要点就是：从容，平稳，直线。（ ）

4. 在行走中如要拾起掉在地上的东西，只需是习惯弯腰将其捡起就行。（ ）

5. 任何手势在全世界都是通用的，因此无须忌讳。（ ）

### 二、选择题

1. 微笑是全世界通用的语言，其笑容的作用有（ ）。

A. 笑可以调节情绪　　B. 笑可以消除隔阂

C. 笑也可以获取回报　　D. 笑可以有益身心健康

2. 站姿的要领有（ ）。

A. 头正，双目平视前方，精神饱满，表情自然放松

B. 双肩平且放松，手臂自然下垂，放于身体两侧，手心向里，中指微贴裤缝

C. 收胸，收腹，立腰，夹臀。整个形体显得庄重，平稳，自信而有力度

D. 双腿夹紧，立直，脚跟并拢，脚尖外展 45~60 度

3. 坐姿的要领有（ ）。

A. 入座要轻而稳，走到座位前，转身后，右脚向后撤半步，轻稳坐下后，将右脚和左脚并齐

B. 双膝自然并拢，双腿自然着地

C. 在社交场合，不论做椅子或是沙发，以坐椅子的二分之一为宜

D. 离座时，右脚往后先收半步，然后站起

4. 引导手势动作主要有（ ）。

A. 横摆式　　B. 斜摆式　　C. 直臂式　　D. 双臂式

5. 在日常生活中最忌讳的手势有（ ）。

A. 用食指指人　　B. 握紧拳头拇指朝下

C. 掌心朝上　　D. 翘起大拇指

### 三、案例分析题

某公司要招聘一位业务部经理，一位名校研究生的简历深深吸引了老总。他有相关理论知识，而且有两年的任职经验，于是通知他三天后到公司面试，但结果却出乎意外落选了。老总后来说，在面试中那位先生有个特点，就是不管什么时候都是板着脸，不会微笑，给人一幅很沉闷的样子。他说，这种表情的人典型的不善于做沟通工作，而作为业务部的负责人，沟通本来就是很重要的工作内容……

## 评价考核

表 2-3　仪容礼仪评价考核表

| 考评内容 | 仪容礼仪 | | |
|---|---|---|---|
| 考核标准 | 内　容 | 分值（分） | 评分（分） |
| | 微笑的具体运用 | 20 | |
| | 眼神的礼仪规范 | 20 | |
| | 站姿训练规范 | 15 | |
| | 坐姿训练规范 | 15 | |
| | 走姿训练规范 | 15 | |
| | 手势礼仪规范 | 15 | |
| 合　计 | | 100 | |

注：可自评或他人考评。评价考核分为 100 分，60～69 分为及格；70～79 分为中；80～89 分为良；90 分以上为优秀。

# 第 8 讲　交谈礼仪

## 任务描述

### 知识目标：

1. 了解介绍礼仪的基本规范。
2. 了解交谈礼仪的注意事项。
3. 了解倾听礼仪的规范。

### 能力目标：

1. 能针对不同场合和情境恰当地进行自我介绍和为他人作介绍。
2. 能在不同的场合和他人进行亲切的交谈。
3. 学会倾听他人的意见。

## 知识储备

## 一、介绍礼仪

介绍是人际交往中互相了解的基本方式，正确的介绍可以使不相识的相互认识，也可以通过落落大方的介绍和自我介绍，显示出良好的交际风度。介绍分为自我介绍和他人介绍。

### 1. 自我介绍

自我介绍的基本程序是：先向对方点头致意，得到回应后再向对方介绍自己的姓名、身份和单位，同时递上准备好的名片。自我介绍时，表情要坦然、亲切，注视对方，举止庄重大方，态度镇定而充满信心，表现出渴望认识对方的热情。如果见到陌生人就紧张、畏怯、语无伦次，不仅说不清自己的身份和来意，还会造成难堪的局面。

作自我介绍，应根据不同的交往对象内容设置繁简适度。自我介绍总的原则是简明扼要，一般以半分钟为宜，情况特殊的也不宜超过 2 分钟。如果对方表现出有认识自己的愿望，则可在报出本人姓名、供职单位、职务（即自我介绍三要素）的基础上，再简略地介绍一下自己的籍贯、学历、兴趣、专长及与某人的关系等。自我介绍应该实事求是，既不能把自己拔得过高，也不要自卑地贬低自己。介绍用语一般要留有余地，不宜用“最”、“第一”“特别”等极端的词语。

自我介绍有一些忌讳需要注意和避免：

（1）不要过分夸张热情。如大力握手或拍打对方手背的动作，可能会使对方感到诧异和反感。

（2）不要中止别人的谈话而介绍自己，要等待恰当的时机。

（3）不要态度轻浮，要尊重对方。无论男女都希望别人尊重自己，特别是尊重他的优点和成就，因此在自我介绍时，表情一定要庄重。

（4）如果一个以前曾经介绍过的人，未记起你的姓名，你不要做出提醒式的询问，最佳的方式是直截了当地再自我介绍一次。

### 2. 他人介绍

他人介绍是经第三者为彼此不相识的双方引见、介绍的一种介绍方式。他人介绍通常是双向的，即将被介绍者双方各自均作一番介绍。作介绍的人一般是主人、朋友或公关人员。为他人作介绍时必须遵守“尊者优先”的原则。把年轻者介绍给年长者；把职务低者介绍给职务高者；如果双方年龄、职务相当，则把男士介绍给女士；把家人介绍给同事、朋友；把未婚者介绍给已婚者；把后来者介绍给先到者。

**礼仪小贴士**

**先介绍谁**

在为他人作介绍时，要遵循“尊者居后”的原则，就是应先向位高者介绍位低者，然后再向位低者介绍位高者。这样可以使位高者先了解位低者的情况。一般常见的介绍顺序有：

先把主人介绍给客人，再把客人介绍给主人。

先把晚辈介绍给长辈，再把长辈介绍给晚辈。

先把男士介绍给女士，再把女士介绍给男士。

“先温后火”，即把脾气好的一方先介绍给脾气欠佳的一方。

“先亲后疏”，即把与自己关系密切的一方介绍给自己较为生疏的一方。

由他人作介绍，自己处于当事人之中，如果你是身份高者、长者或主人，在听他人介绍后，应立即与对方互致问候，表示欢迎对方的热忱；如果你是身份低者或宾客，当尚未被介绍给对方时应耐心等待；当将自己介绍给对方时，应根据对方的反应做出相应的应对，如对方主动伸手，你也应及时伸手相握，并适度寒暄。

### 3. 介绍的内容

交往双方的意图不同，介绍的内容也就有不同，一般来说介绍的内容有：

（1）身份和姓名

介绍时应说明被介绍者的姓名、身份（包括职位和工作单位）。例如：

“你好，我是无锡柴油机厂的张强。”

“这位是无锡高等师范学校的王教授，无锡知名的心理学专家。”

“你好，这位是我哥哥李云。”

有时也可以对自己的名字做些解释。如“我叫张金，弓长张，黄金的金。”

（2）事由

如果事先有约定，则在见面时说清事由。如接机时就可以说：您好，您是刘总吧？我就是电话跟你联系过的移动公司的小唐，是李总让我来接您的。”

（3）谦辞和敬语

如果在举行庆典、报告、比赛、讲座等正规隆重的场合向大家介绍自己时，内容要适当加一些谦辞和敬语。如“尊敬的各位领导，各位来宾，大家下午好，我是来自江南大学的王红，今天我向大家交流一下自己在环保方面的一些心得，有不当的地方请多批评指教。”

（4）双方的共同点

在社交场合希望对方认识自己，方便进一步交流时，可找到与对方有共同的地方进行沟通交流就会起到事半功倍的效果，如“我叫李梅，与您爱人是高中同学”，“我叫王峰，在医院工作，和您一样是个球迷”，“我叫高杰，是国税局第三分局的，和您是同行”。

### 4. 介绍的注意事项

（1）介绍者为被介绍者介绍之前，一定要征求一下被介绍双方的意见，切勿上去开口即讲，显得很唐突，让被介绍者感到措手不及。

（2）被介绍者在介绍者询问自己是否有意认识某人时，一般不应拒绝，而应欣然应允。实在不愿意时，则应说明理由。

（3）介绍人和被介绍人都应起立，以示尊重和礼貌；待介绍人介绍完毕后，被介绍双方应微笑点头示意或握手致意。

（4）在宴会、会议桌、谈判桌上，视情况介绍人和被介绍人可不必起立，被介绍双方可点头微笑致意；如果被介绍双方相隔较远，中间又有障碍物，可举起右手致意，点头微笑致意。

（5）介绍完毕后，被介绍双方应依照合乎礼仪的顺序握手，并且彼此问候对方。问候语有“你好、很高兴认识你”、“久仰大名”、“幸会幸会”，必要时还可以进一步作自我介绍。

介绍具体人时，要有礼貌地以手示意，而不要用手指指点点。

## 二、交谈礼仪

### 1. 称呼礼仪

（1）称呼要看对象

对不同性别的人应使用不同的称呼。如对女士可称“大姐”、“小姑娘”，对男士可称呼“先生”、“师傅”、“同志”等。

对不同亲密关系的人使用不同的称呼。如对亲密度很高的人可以称呼小名、绰号等，对亲密度低的人则不适宜。对不同国籍的人采用不同的称呼。

（2）称呼要看场合

一般情况下，人们对对方的称呼都是与其环境相对应的正式称谓。例如一位姓陈的先生，在下级向他汇报工作时称他“陈书记”（他的官衔），同事和他交往时称“老陈”，年轻的工人在车间里称呼他“陈师傅”，他的亲密朋友在与他私人交往时称呼“陈大哥”，妻子在家里称呼他“当家的”，有人对他不满时会称他“姓陈的”。

**礼仪小贴士**

**“同志”是最通用的称呼吗**

在中外交往中“同志”称呼要慎用。一是由国家和政党的性质而定。二是由对方如何称呼我方而定。在某些国家，“同志”的称谓还有同性恋的倾向，注意别闹出误会来。

（3）称呼和身份、修养有关

对男士的称呼：最普遍的称呼是先生，表示严肃的态度和对对方的尊重。

对女士的称呼：未婚者称小姐；已婚者称太太、夫人；不明确者称女士。表示对女性的尊重，表明了对方的社会地位。

对身份高的人的称呼：在官方场合要称其职衔；对有学问的人称呼学衔；对有世袭头衔的人称呼头衔。

例如一个农民对一位风度翩翩的男士不会称呼“先生”，而多半会按照自己家乡习俗亲热称呼“大哥”之类，有时候称呼只要合乎时宜就行。

### 2. 问候礼仪

问候也称打招呼。见面打招呼、问好是人们在交往中借助交谈互表友好和认定的一种方式。打招呼是人们见面时最简便、最直接的礼节，主要适用于在公共场所相见时，彼此向双方问安问好，致以敬意或表达关切之意。主要适用于：主动迎向对方时，当对方向自己问好时，当对方来到自己生活或办公的环境时，自己主动与对方进行联络时。

（1）招呼的基本要求

①得体

中国人见面较喜欢互相问候，而且越是先问候别人，越显得热情、有教养、知礼、明礼。例如工作中最普遍的是“你好!再见!”等话，有时再加上一句恰当的称呼，如："王师傅，您好!""李老师，再见!"就会显得亲密。当然随着社会的发展、人们观念的变化，招呼、问候的语言越来越丰富，其实重要的不是说什么，而是主动的态度。

**礼仪小贴士**

**"吃了吗？"能常用吗**

在洗手间，有人遇到熟人还会热情地寒暄。如果是在用餐时间的话甚至还不忘寒暄问一句：吃了吗？往往叫对方无所适从。所以在这种"特殊场合"，还是彼此平淡一点的好，不必过多客套。

②适度

选择招呼的方式、语言要考虑环境、场合因素，生活场合、关系密切的人之间可以运用轻松、随意的招呼方式和语言，而在工作、社交乃至国际交往中就应该选用较正式的招呼方式和语言。

（2）打招呼的一般规则

男性先向女性致意，年轻的不管男女均应首先向年长者致意，下级应向上级致意。两对夫妇见面，女性先互相致意，然后男性分别向对方的妻子致意，最后男性互相致意。

女性在各种生活场景中，均应主动微笑点头致意，以示亲和。

对熟人不打招呼或不应答向你打招呼的人都是失礼的行为。

在大街上打招呼，三四步远是最好的距离，男子可欠身或点头，如果戴着帽子须摘去。与人打招呼时，忌叼着烟卷或把手插在衣袋里。

与西方人打招呼时避免中式用语"你上哪儿去""你干什么去"等，在西方人看来，有涉人私事之嫌，是失礼的语言；更不应说"吃饭了吗"，否则被误认为你想邀请他一起吃饭。

与少数民族及信奉宗教的人打招呼应根据当地的宗教信仰及招呼习惯。如与信奉伊斯兰教的人打招呼，首先应用"真主保佑"以示祝福，否则会引起不必要的麻烦及误解，而影响双方的正常交往。

（3）常见打招呼用语

最简洁明了，通用性最广泛的用语是"您好"，这既是一个问候语同时又有一种表示对他人祝福的含义。

根据碰面的时间，互相道一声“早上好”、“下午好”、“晚上好”，也是一种比较简单、实用、明了的招呼用语。

另外，诸如“你早”、“在哪儿发财”等，也是较常见的招呼语。

### 3. 交谈的技巧

交谈是一门艺术。语言的礼仪使言谈成为一门艺术。交谈是人与人之间最迅速、最直接的一种沟通方式，在增进了解、加深友谊方面起着十分重要的作用。

交谈的基本原则是尊敬对方和自我谦让，具体要注意以下几方面：

（1）态度诚恳亲切

说话时的态度是决定谈话成功与否的重要因素，因为谈话双方在谈话时始终都相互观察对方的表情、神态，反应极为敏感，所以谈话中一定给对方一个认真和蔼、诚恳的感觉。

（2）措辞谦逊文雅

措辞的谦逊文雅体现在两方面：对他人应多用敬语、敬辞，对自己则应多用谦语、谦辞。谦语和敬语是一个问题的两个方面，前者对内，后者对外，内谦外敬，礼仪自行。

（3）语音、语调平稳柔和

一般而言，语音语调以柔言谈吐为宜。我们知道语言美是心灵美的语言表现。有善心才有善言。因此要掌握柔言谈吐，首先应加强个人的思想修养和性格锻炼，同时还要注意在遣词用句、语气语调上的一些特殊要求。比如应注意使用谦辞和敬语，忌用粗鲁污秽的词语；在句式上，应少用“否定句”，多用“肯定句”；在用词上，要注意感情色彩，多用褒义词、中性词，少用贬义词；在语气语调上，要亲切柔和，诚恳友善，不要以教训人的口吻谈话或摆出盛气凌人的架势。在交谈中，要眼神交汇，带着真诚的微笑，微笑将增加感染力。

（4）谈话要掌握分寸

在人际交往中，哪些话该说，哪些话不该说，哪些话应怎样去说才更符合人际交往的目的，这是交谈礼仪应注意的问题。一般说，善意的、诚恳的、赞许的、礼貌的、谦让的话应该说，且应该多说。恶意的、虚伪的、贬斥的、无礼的、强迫的话语不应该说，因为这样的话语只会造成冲突，破坏关系，伤及感情。有些话虽然出自好意，但措辞用语不当，方式方法不妥，好话也可能引出坏的效果。所以语言交际必须对说的话进行有效的控制，掌握说话的分寸，才能获得好的效果。

（5）交谈注意忌讳

在一般交谈时要坚持“六不问”原则。年龄、婚姻、住址、收入、经历、信仰，属于个人隐私的问题，在与人交谈中，不要好奇询问，也不要问及对方的残疾和需要保密的问题。在谈话内容上，一般不要涉及疾病、死亡、灾祸等不愉快的事情；不谈论荒诞离奇、耸人听闻、黄色淫秽的事情。与人交谈，还要注意亲疏有度，“交浅”不可“言深”，这也是一种交际艺术。

（6）交谈要注意姿态

交谈时除注意语言美、声音美之外，姿态美也很重要。首先要做到的是双方应互相正视、互相倾听，不要东张西望，左顾右盼。交谈过程中眼睛不应长时间地盯住对方的某一位置，让人感到不自在。交谈姿态不要懒散或面带倦容，哈欠连天，也不要做一些不必要的小动作，如玩指甲，弄衣角，搔脑勺、抠鼻孔等。这些小动作显得猥琐，不礼貌，也会使人感到你心不在焉，傲慢无礼。

### 4. 谈吐的基本礼貌用语

（1）敬语

敬语是表示恭敬、尊敬的习惯用语。这一表达方式的最大特点是，当与宾客交流时，常常用“您好”开头，“请”字中间，“谢谢”或“再见”收尾，“对不起”常常挂在嘴边。日常工作中，“您好、请、谢谢、对不起、再见”等字用得最多。其“请”字包含了对宾客的敬重与尊敬，体现了对他人的诚意。如“请走好”、“请出示车月票”、“请稍等”等。在日常生活中的惯常用法还有“久仰”、“久讳”、“包涵”、“打扰”、“借光”、“拜托”、“高见”等。

### 礼仪小贴士

**提高交谈技巧小窍门**

1. 记住对方的名字。
2. 使用幽默、机智的语言。
3. 发自内心地赞美对方的闪光点。
4. 让对方觉得自己是对的。
5. 有礼貌地拒绝对方。
6. 因人而异，区别对待。

（2）谦语

谦语是向人们表示一种自谦和自恭的词语。以敬人为先导，以退让为前提，体现着一种自律的精神。在交谈中常用“愚”、“愚见”、“请问我能为您做点什么”等；日常生活中惯常用法有“寒舍”、“太客气了”、“过奖了”、“为您效劳”、“多指教”、“没关系”、“不必”、“请原谅”、“惭愧”、“不好意思”等。

（3）雅语

雅语又称委婉语，是指一些不便直言的事用一种比较委婉、含蓄的方式表达双方都知道、理解但不愿点破的事。如当宾客提出的要求一时难以满足时，可以说“您提出的要求是可以理解的，让我们想想办法，一定尽力而为”。“可以理解”是一种委婉语，这样回答可以为自己留有余地。在日常生活中惯常用的有“留步”、“奉还”、“光临”、“失陪”、“光顾”、“告辞”等；称人时用“高寿”、“令堂”、“令尊”等。

**礼仪小贴士**

**二十四个常用礼仪礼貌谦辞**

初次见面说久仰，看望别人说拜访；请人勿送用留步，对方来信用惠书。

请人帮忙说劳驾，求给方便说借光；请人指导说请教，请人指点说赐教。

赞人见解说高见，归还物品叫奉还；欢迎购买叫光顾，老人年龄叫高寿。

等候客人用恭候，接待客人叫茶后；客人来到说光临，中途要走说失陪。

送客出门说慢走，与客道别说再来；麻烦别人说打扰，托人办事说拜托。

与人分别用告辞，请人解答用请问；接受礼品说笑纳，好久不见说久违。

## 三、倾听礼仪

### 1. 用心倾听

学会听人说话，是社交中最容易做的事情，不过在现实生活中，这却是很多人最容易忽略的。在听别人讲话时，目光要与讲话者对应，面部表情应该根据对方谈论的内容而有所反应；身体前倾，以表示你对他人正在讲的话题感兴趣或者专注；点头或者摇头，以表示肯定或者否定；要时不时地报以“嗯”、“是”、“对的”、“哦”，这样简短的语气词来表示你在认真倾听；对别人提出的问题应该及时并且诚恳的回答。

### 2. 倾听时的五个“不能”

不能左顾右盼，目光必须集中在讲话者的身上；

不能经常打断别人的讲话；

不能心不在焉，一边保持手中的动作一边听别人讲话是很不礼貌的行为；

不能假装在听，在别人说话时走神是最大的禁忌；

别人讲话时，你过于强硬地坚持自己的观点而与对方发生争执不是有礼貌的倾听。

## 实践训练

**实践项目：**模拟介绍场景。

**情境描述：**李强和朋友小林一起去听王教授的一个公开讲座，小林对讲座很感兴趣，想与王教授有进一步的交流和沟通。由于李强曾经是王教授的学生，认识王教授，因此小林想让李强会后把自己介绍给王教授，如果你是李强，你会怎样介绍两人认识呢？

**实践指导：**

1．介绍的基本礼仪，尊者居后；

2．李强见到王教授应该进行自我介绍；

3．抓住双方的共同点，曾经是王教授的学生容易拉近距离。

## 自主学习

### 一、判断题（正确的在括号内打“√”，错误的打“×”）

1．在进行自我介绍时不要中止别人的谈话而介绍自己，要耐心地等待合适的机会。（　）

2．为他人作介绍时必须遵守“低者优先”的原则。把年长者介绍给年轻者；把职务低者介绍给职务高者。（　）

3．女性在各种生活场景中，应主动跟男士打招呼或者应主动微笑点头致意，以示亲和。（　）

4．在与人交谈时要坚持“六不问”原则。即不问年龄、婚姻、住址、收入、经历、信仰，这些属于个人隐私的问题容易让人产生反感。（　）

5．在听别人讲话时，目光要与讲话者对应，面部表情应该根据对方谈论的内容而有所反应；身体前倾，以表示你对他人正在讲的话题感兴趣。（　）

## 二、选择题

1．以下进行自我介绍需要忌讳和避免的是（　　）。

A．不要过分夸张热诚。如大力握手或热情拍打对方手背的动作，可能会使对方感到诧异和反感

B．不要中止别人的谈话而介绍自己，要等待适当的机会

C．不要态度轻浮，要尊重对方。无论男女都希望别人尊重自己，特别是别人尊重他的优点和成就，因此在自我介绍时，表情一定要庄重

D．如果一个以前曾经介绍过的人，未记起你的姓名，你不要做出提醒式的询问，最佳的方式是直截了当地再自我介绍一次

2．打招呼的基本要求是（　　）。

A．得体　　B．适度　　C．热情　　D．谦虚

3．交谈的基本原则是尊敬对方和自我谦让，具体要注意以下几方面（　　）。

A．态度诚恳亲切　　B．措辞谦逊文雅

C．语音、语调平稳柔和　　D．谈话要掌握分寸

4．你认为以下哪些能提高交谈的技巧（　　）。

A．记住对方的名字　　B．使用幽默、机智的语言

C．发自内心地赞美对方的闪光点　　D．因人而异，区别对待

5．倾听时下列哪些行为你认为不妥。（　　）。

A．不能左顾右盼，目光必须集中在讲话者的身上。

B．不能心不在焉，一边保持手中的动作一边听别人讲话是很不礼貌的行为。

C．别人讲话时，你过于强硬地坚持自己的观点而与对方发生争执是有礼貌的倾听。

D．不能假装在听，在别人说话时走神是最大的禁忌。

## 三、案例分析题

古时候，有个青年人骑马赶路，眼看天近黄昏，前不着村，后不着店，心里很是着急。正好，有个老汉路过，青年人扬声喊道："喂，老头儿，这儿离客栈还有多远啊？"

老汉回过头来看了看青年人，答道："五里。"

于是，青年人立即快马加鞭向前方奔去，可是跑了十几里路都没有见到客栈的影子。他在心里暗暗骂着那老汉时，却突然醒悟：那老汉说的哪是"五里"呀，分

明是“无礼”！老汉是在责怪他不讲礼貌！于是马上调头往回赶，见着那老汉还在路边，于是他翻身下马，叫了声“大爷”，没等他说完，老汉就说：“客栈早就过了，你要是不嫌弃的话，今晚就到我家住一宿吧。”

## 评价考核

表 2-4　交谈礼仪评价考核表

| 考评内容 | 交谈礼仪 | | |
| --- | --- | --- | --- |
| 考核标准 | 内　容 | 分值（分） | 评分（分） |
| | 自我介绍的基本礼仪规范 | 15 | |
| | 他人介绍的基本礼仪规范 | 15 | |
| | 打招呼的礼仪规范 | 20 | |
| | 谈吐的基本礼貌用语 | 15 | |
| | 轻松交谈的技巧 | 20 | |
| | 倾听的礼仪规范 | 15 | |
| 合　计 | | 100 | |

注：可自评或他人考评。评价考核分为 100 分，60～69 分为及格；70～79 分为中；80～89 分为良；90 分以上为优秀。

# 第3单元

## 商务礼仪

礼仪是商务人士的第一张名片！

在商务活动中，你如何展示个人的魅力？怎样与他人进行有效的双向沟通？怎样通过个人规范的礼仪形象来表现企业的良好品牌形象？现今社会竞争激烈，要比别人优胜，我们除了卓越能力外，还要掌握有效沟通及妥善处理人际关系的技巧，而更重要的是拥有良好优雅的专业形象和卓越的商务礼仪。

商务礼仪是礼仪在特定的商务活动场合中的一种表现形式，它的应用比传统礼仪更具有规范化，更被现代社会的商务人士所认可。对个人而言，规范的商务礼仪有助于提升自身的涵养、素质，赢得他人的尊重。对企业而言，在商务交往中，个人形象代表企业形象，树立个人形象就是树立企业形象的基础。树立企业正面形象，有利于赢得企业合作伙伴的信任、理解与支持。商务礼仪涵盖了工作场合所需要的各种技巧，覆盖了所有的工作空间，小到接听电话、传真文件、拿名片，大到会议位次安排、大型活动礼仪等，力求教养体现细节，细节展现素质。如果我们在商务活动中都能够自觉主动地遵守礼仪规范，就容易使人际间感情得以沟通，建立起相互尊重、彼此信任、友好合作的关系，进而有利于各项事业的发展。

本单元重点学习邀请接待礼仪、位次礼仪、通信礼仪、办公室礼仪。

礼，经国家，定社稷，序民人，利后嗣。

——《左传》

# 第9讲　邀请接待礼仪

## 任务描述

**知识目标：**

1. 了解商务邀请的方式及类别；
2. 了解办公室接待和前台接待的礼仪要求。
3. 理解名片不同场合的不同用途和交换的方式。

**能力目标：**

1. 能够合乎规范地拟写请柬、邀请函；
2. 能够礼貌地做好办公室接待、前台接待；
3. 能够优雅地交换名片。

## 知识储备

### 一、邀请礼仪

邀请，是商务活动中常见的社交形式，指约请有关单位、个人前来参加本单位某个活动、某个会议的商定性通知。邀请的目的是多种多样的，可以请人协助，可以是参与某项礼仪活动，可以是商议合作，可以是研讨问题，可以是洽谈生意，也可以是礼貌性的会见、拜访、回访等。

#### 1. 邀请方式

在一般情况下，邀请有正式与非正式之分。

正式的邀请，多采用书面的形式，既讲究礼仪，又要设法使被邀请者备忘。根据商务礼仪的规定，在比较正规的商务往来之中，必须以正式的邀请作为邀请的主要形式，有请柬邀请、书信邀请、传真邀请、电报邀请、便条邀请等具体形式。

非正式的邀请，通常是以口头形式来表现的，有当面邀请、托人邀请、打电话邀请等不同的形式，多适用于商界人士非正式的接触之中。相对而言，它要显得随便一些。

### 2. 请柬邀请

在正式邀请的诸多形式之中，档次最高，也最为商界人士所常用的当属请柬邀请。凡精心安排、精心组织的大型活动与仪式，如宴会、舞会、纪念会、庆祝会、发布会、单位的开业仪式等，只有采用请柬邀请嘉宾，才会被人视之为与其档次相称。

请柬又称请帖，它一般由正文与封套两部分组成。不管是购买印刷好的成品，还是自行制作，在格式上行文上，都应当遵守礼仪规范。

请柬正文的用纸，大都比较考究。它多用厚纸对折而成。以横式请柬为例，对折后的左面外侧多为封面，右面内侧则为正文的行文之处。封面通常讲究采用红色，并标有“请柬”二字。请柬内侧，可以同为红色，可采用其他颜色。但民间忌讳用黄色与黑色，通常不可采用。在请柬上亲笔书写正文时，应采用钢笔或毛笔，并选择黑色、蓝色的墨水或墨水汁。红色、紫色、绿色、黄色以及其他鲜艳的墨水，则不宜采用。

目前，在商务交往中所采用的请柬，基本上都是横式请柬。它的行文，是自左向右，自上而下地横写的。

在请柬的行文中，通常必须包括活动形式、活动时间、活动地点、活动要求、联络方式以及邀请人等项内容。

示例：

邀请函

| |
|---|
| ××××公司 |
| ××总裁 |
| **诚挚邀请您参加我们公司举办的迎新年晚会** |
| 时间：×年×月×日星期五晚上七点 |
| 地点：××酒店××厅 |
| 请尽快回复给×× |
| 电话： |
| 着装要求：正规服装 |

注：在邀请函的背面可以附一张交通图。

请　柬

请　柬

××先生（女士）：

谨定于×年×月×日（星期×）下午×时在××××举行晚宴。

恭候

光临

××××公司总裁××先生

如不能出席　敬请赐复为盼

电话：××××　衣着：正装

请记住，一张邀请函不仅仅是一张信笺，同时还展现了公司的形象。

在发邀请函之前，必须要做的一件事情就是，提前认真查询，确定被邀请人的姓名、职务、称呼方式和对方单位的地址，做到准备无误。

对于邀请函的内容，根据举办活动的性质，每一句话都要斟酌一下，力求简单明了，既要体现敬意，又要表现诚意、专业和热情，更不可出现错别字和语法错误。

### 3. 口头邀请

口头邀请，一般用于普通性事宜。口头邀请，可以当面邀请，电话口头邀请或托人带口信邀请。口头邀请形式简单、随便，但语言要庄重、严肃、真挚、诚恳，否则对方会以为你并不认真，没有诚意或仅是客套而已，那样会怠慢对方，生疏关系。

## 二、接待礼仪

接待，是商务活动中的重要环节，是展示企业形象、体现礼貌素养的重要方面。尤其是迎接，是给客人良好第一印象的最重要工作。给对方留下好的第一印象，就是为下一步深入接触打下了基础。

### 1. 前台接待礼仪

前台接待人员是公司的形象代言人、门面，因此前台接待人员坐、立、行、走，都要端正自然，保持良好的精神面貌。

前台接待客人要注意以下几点：

（1）拜访者只要进入公司，接待人员应主动起立微笑相迎，礼貌地问明客人的身份和来意，表示欢迎。客人进行来访登记后，要立即通知被访者，根据客人的身份、来意，请客人到接待室交谈。

（2）客人要找的负责人不在时，要明确告诉对方负责人到何处去了，以及何时回本单位。请客人留下电话、地址，明确是由客人再次来单位，还是我方负责人到对方单位去。

（3）客人到来时，我方负责人由于种种原因不能马上接见，要向客人说明等待理由与等待时间，若客人愿意等待，应该向客人提供茶水、杂志，如果可能，应该时常为客人添茶。

**礼仪小贴士**

**接待时如何倒茶、递茶**

在招待尊贵客人时，茶具要特别讲究，应该是瓷杯，因为这样的材质不易烫手，而且显得正规。当然茶杯必须每次经过严格的消毒再使用，不要疏忽这一点。一次性纸杯虽然方便，但不符合礼仪规范。倒茶有许多规矩，茶水温度要适中，注意“浅茶”，杯子的七八分满即可。递茶也有许多讲究，递茶时一般用双手递，有杯把的则一手杯把，一手杯底。不可一只手递茶。递茶的顺序应从来访者身份最高的那位开始，如果不清楚客人的身份，则应该从上座位置先上茶，或者给你不熟悉的客人先递茶。

（4）有客人未预约来访时，不要直接回答其要找的人在或不在。而要告诉对方：“我看看他是否在。”同时婉转的询问对方来意：“请问您找他有什么事？”如果对方没有通报姓名则必须问明，尽量从客人的回答中，充分判断能否让他与同事见面。如果客人要找的人是公司的领导，就更应该谨慎处理。

（5）接待人员带领客人到达目的地，应该有正确的引导方法和引导姿势。

①在走廊的引导方法。接待人员在客人二三步之前，配合步调，让客人走在内侧。

②在楼梯的引导方法。当引导客人上楼时，应该让客人走在前面，接待人员走在后面，若是下楼时，应该由接待人员走在前面，客人在后面，上下楼梯时，接待人员应该注意客人的安全。

③在电梯的引导方法。引导客人乘坐电梯时，接待人员先进入电梯，等客人进

入后关闭电梯门，到达时，接待人员按“开”的按钮，让客人先走出电梯。

④客厅里的引导方法。当客人走入客厅，接待人员用手指示，请客人坐下，看到客人坐下后，才能行点头礼后离开。如客人错坐下座，应请客人改坐上座（一般靠近门的一方为下座）。

(6) 当客人离开公司时，要主动打招呼致意，并提出希望下次再来。

## 2. 办公室接待礼仪

外单位客人到本单位来访，无论是办事、求助，还是取经、调研等，一般都是在办公室进行。在办公室里接待客人，有如下一套礼仪：

（1）早做准备，保持办公室优雅环境

办公室平时也应保持优雅、整洁的环境。如有客人来访，则更应保持较高水平的工作条件。

客人来访，一般是会早打招呼、早有约定的。得知客人来访消息后，应告知有关部门早做准备，把办公室收拾得干净利落。窗户要明亮，桌椅要整洁，东西要整齐有序，空气要清新。冬季要温暖，夏季要凉爽。茶水早备好，对有的客人还可备些水果。

总之，办公室是领导的办公场所，是本单位的门面，反映出接待人员的精神面貌和工作作风，代表着单位形象，必须认真布置。当然，也不必豪华阔气。

如果来客较多，或客人规格较高，来访的目的又比较严肃，也可以在专门的会议室（会客室）接待。会议室（会客室）也应早做准备，以迎客人。

（2）准备好有关材料

客人来访前的准备工作，除了接待场合（办公室或会议室、会客室）精心布置外，还有一项重要任务就是材料的准备。客人来访，是参观本单位某某部门，还是了解、考察某项工作？是商洽某方面的问题，还是研究相互合作事宜？务必心中有数。有关客人来访的目的，一般对方早已提前告知，应根据双方商定的会谈事宜，或客人的请求，让有关人员早做准备。需要什么数字、情况、资料，事先提供出来，该打印的打印，该论证的论证，该先拿出初步意见的先统一内部口径。省得客人来后现找现查，或无法表态，显得被动。

（3）工作人员礼貌接待

客人到来，要抽调若干工作人员进行接待。接待的工作人员，有的是服务、礼仪接待，比如引导、倒茶倒水、留饭宴请的热情招待等；有的是工作需要接待，比如参加会谈、介绍情况、参与商讨等。

无论负责哪方面的工作人员，都应衣着整洁，走动轻盈，仪态大方，待人彬彬有礼。风风火火，莽莽撞撞，衣帽不整，言谈粗俗，是对客人的不礼貌，也会使本单位大失体面。

在与客人会谈过程中，无关人员应自动退避。至于礼仪、服务人员，应定时敲门而进，倒茶续水，取换毛巾，进行热情服务；但服务不应影响主客双方会谈，要保持现场的安静。服务完毕应轻轻退出。

（4）送客

若客人办事已毕要走，一定送别。办公室相关人员也要随之送行。

客人若自备车辆，工作人员可早些通知司机（或由客人方工作人员自行通知）。若需本单位送回，需要早做车辆安排，勿使久等。

可视情况，决定送至办公室门口或单位大门口。送别时应说些客气话："欢迎再来。""欢迎常联系。""接待不周，请多见谅"等。

### 3. 名片交换礼仪

名片是商务人士的必备沟通交流工具，名片像一个人简单的履历表，递送名片的同时，也是在告诉对方自己姓名、职务、地址、联络方式。由此可知，名片是每个人最重要的书面介绍材料。在我们从业之初，设计及印制名片是首要任务，于名片空白处或背面写下个人资料，以帮助相互了解。精美的名片使人印象深刻，也能体现你的个人风格，但发送名片的时机与场合可是一门学问。

名片的用途十分广泛，最主要的是用作自我介绍，也可随鲜花或礼物赠送，以及发送介绍信、致谢信、邀请信、慰问信时等使用，并在名片上面留下简短附言。使用时最重要的是知道如何展现个人风格，使名片更为"个性化"，例如：送东西给别人，在名片后加上亲笔写的："友谊天长地久""祝你工作顺利，早日升职加薪，职业生涯顺风顺水"等。

若想适时地发送名片，使对方接受并收到最好的效果，必须注意下列事项：

（1）首先要把自己的名片准备好，整齐地放在名片夹、盒或口袋中，要放在易于掏出的口袋或皮包里。不要把自己的名片和他人的名片或其他杂物混在一起，以免用时手忙脚乱或掏错名片。

（2）出席重大的社交活动，一定要记住带名片。参加会议时，应该在会前或会后交换名片，不要在会中擅自与别人交换名片。

（3）处在一群彼此不认识的人当中，最好让别人先发送名片。名片的发送可在刚见面或告别时，但如果自己即将发表意见，则在说话之前发名片给周围的人，可帮助他们认识你。

（4）不要在一群陌生人中到处传发自己的名片，这会让人误以为你想推销什么物品，反而不受重视。在商业社交活动中尤其要有选择地提供名片，才不致使人以为你在替公司搞宣传、拉业务。

（5）对于陌生人或巧遇的人，不要在谈话中过早发送名片。因为这种热情一方面会打扰别人，另一方面有推销自己之嫌。

（6）除非对方要求，否则不要在年长的主管面前主动出示名片。

（7）无论参加私人或商业餐宴，名片皆不可于用餐时发送，因为此时只宜从事社交而非商业性的活动。

（8）递交名片要用双手或右手，用双手拇指和食指执名片两角，让文字正面朝向对方，递交时要目光注视对方，微笑致意，可顺带一句“请多多关照。”

（9）接名片时要用双手，并认真看一遍上面的内容。如果接下来与对方谈话，不要将名片收起来，应该放在桌子上，并保证不被其他东西压起来，使对方感觉到你对他的重视。

（10）破旧名片应尽早丢弃，与其发送一张破损或脏污的名片，不如不送。

（11）交换名片时如果名片用完，可用干净的纸代替，在上面写下个人资料。

**礼仪小贴士**

**不要小看名片的管理**

职场交往中，不要小看了小小的名片，它可是你人脉管理中重要的资源。友谊之花，须经年累月培养，使用好自己的名片，让你的名片受到重视；管理好朋友的名片，让你的人脉得到扩展，从而使你的事业亨通。

名片的管理十分必要，我们可以从以下方面进行名片管理。

首先，当你和他人在不同场合交换名片时，务必详尽记录与对方会面的人、事、时、地、物。交际活动结束后，应回忆复习一下刚刚认识的重要人物，记住他的姓名、企业、职务、行业等。第二天或过个两三天，主动打个电话或发个电邮，向对方表示结识的高兴，或者适当地赞美对方的某个方面，或者回忆你们愉快的聚会细节，让对方加深对你的印象和了解。

其次，对名片进行分类管理。你可以按地域分类，比如：按省份、城市；也可以按行业分类；还可以按人脉资源的性质分类，比如：同学、客户、专家等。

第三，养成经常翻看名片的习惯，工作的间隙，翻一下你的名片档案，给对方打一个问候的电话，发一个祝福的短信等，让对方感觉到你的存在和对他的关心与尊重。

第四，定期对名片进行清理。将你手边所有的名片与相关资源数据作一全面性整理，依照关联性、重要性、长期互动与使用概率、数据的完整性等因素，将它们分成三堆，第一堆是一定要长期保留的，第二堆是不太确定，可以暂时保留的，第三堆是确定不要的。当确定不要时作销毁处理。

## 实践训练

**实践项目：**模拟前台接待

**情境描述：**你是一家公司的前台接待员，某天一位重要的但性急的来访者要求见上司，但上司只能在一个小时后见他，或者另约一个时间与客人见面，请问你应该怎么来应付这名客人呢？

**实践指导：**

1. 热情地接待；
2. 问清来访的原因；
3. 礼貌地告诉他上司现在没有时间，必须等待一个小时，问他是否愿意等待；
4. 等待时，给客人招待饮料并提供报纸期刊或杂志；
5. 如果客人不愿意等待，与他另外约定时间，或者请他通过信函直接与上司联系；
6. 热情送客；
7. 及时向上司汇报。

## 自主学习

### 一、判断题（正确的在括号内打“√”，错误的打“×”）

1. 商务活动中正式的邀请，多采用书面的形式。（　）
2. 给客人倒茶要倒满，以示热情。（　）

3. 办公室是领导的办公场所，是本单位的门面，必须认真布置，力求豪华阔气。（　）

4. 引导客人乘坐电梯时，接待人员先进入电梯，等客人进入后关闭电梯门，到达时，接待人员按“开”的按钮，让客人先走出电梯。（　）

5. 要广交朋友，就要随时随地广发名片。（　）

## 二、选择题

1. 书写请柬，可用（　）的墨水。

A. 红色、黑色　　B. 紫色、黑色

C. 蓝色、黑色　　D. 绿色、黑色

2. 接待人员引导客人上楼梯时，采用（　）的引导方法。

A. 主客并排　　B. 客前主后　　C. 主前客后　　D. 随意即可

3. 接待人员引导客人下楼梯时，采用（　）的引导方法。

A. 主客并排　　B. 客前主后　　C. 主前客后　　D. 随意即可

4. 在办公室里接待客人，要注意（　）。

A. 衣着整洁，走动轻盈，仪态大方

B. 保持办公室优雅环境

C. 准备相应材料

D. 接待结束后要送别客人

5. 递交名片时不正确的一项是（　）。

A. 要用双手或右手　　B. 用双手拇指和食指执名片两角

C. 让文字正面朝向对方　　D. 让文字正面朝向自己

## 三、案例分析题

某公司王经理接待一个重要的客户方经理。见面之后，客户就将名片递上。王经理看完名片就将名片放到了桌子上，两人继续谈事。过了一会儿，服务人员将咖啡端上桌，请两位经理慢用。王经理喝了一口，将咖啡杯子放在了名片上，自己没有感觉，客方经理皱了皱眉头，没有说什么。请分析王经理的失礼之处和接受对方的名片时应注意什么？

## 评价考核

表 3-1　邀请接待礼仪评价考核表

| 考评内容 | 邀请接待礼仪 | | |
|---|---|---|---|
| 考核标准 | 内　容 | 分值（分） | 评分（分） |
| | 撰写邀请函符合规范 | 20 | |
| | 撰写请柬符合规范 | 15 | |
| | 电话邀请符合规范 | 15 | |
| | 前台接待符合规范 | 15 | |
| | 办公室接待符合规范 | 20 | |
| | 名片递交礼仪符合规范 | 15 | |
| 合　计 | | 100 | |

注：可自评或他人考评。评价考核分为100分，60～69分为及格；70～79分为中；80～89分为良；90分以上为优秀。

# 第10讲　位次礼仪

## 任务描述

### 知识目标：

1. 了解会客谈判签字等活动中位次礼仪的要求；
2. 了解会议位次礼仪的要求；
3. 了解座位位次礼仪的要求。

### 能力目标：

1. 会客时能够礼貌地安排位次；
2. 能够妥当地根据要求安排谈判签字会议等位次；
3. 在乘车中能够根据车型的不同正确地安排位次。

## 知识储备

### 一、会客位次礼仪

会客时，对于让座的问题应予以重视。具体而言，在会见客人时，让座于人有两点需要注意。一方面，必须遵守有关惯例；另一方面，必须讲究主随客便。总体上讲，会客时，应当恭请来宾就座于上座。

### 1. 会客位次礼仪安排原则

会客时，如何安排位次？一般而言，遵循以下原则：宾主对面而坐，以面门为上；宾主并列而坐，以右为上；当难以排列座次时，可自由择座。会见时的座次安排，大致有如下五种主要方式。

（1）相对式

具体做法是宾主双方面对面而坐。这种方式显得主次分明，往往易于使宾主双方公事公办，保持距离。这种方式多适用于公务性会客，通常又分为两种情况。

①双方就座后，一方面对正门，另一方背对正门。此时讲究“面门为上”，即面对正门之座为上座，应请客人就座；背对正门之座为下座，宜由主人就座。

②双方就座于室内两侧，并且面对面地就座。此时讲究进门后“以右为上”，即进门后右侧之座为上座，应请客人就座；左侧之座为下座，宜由主人就座。当宾主双方不止一人时，情况也是如此。

（2）并列式

基本做法是宾主双方并排就座，以暗示双方“平起平坐”、地位相仿、关系密切。具体也分为两类情况。

①双方一同面门而坐。此时讲究“以右为上”，即主人要请客人就座在自己的右侧。若双方不止一人时，双方的其他人员可各自分别在主人或主宾的一侧，按身份高低依次就座。

②双方一同在室内的右侧或左侧就座。此时讲究“以远为上”，即距门较远之座为上座，应当让给客人；距门较近之座为下座，应留给主人。

（3）居中式

所谓居中式排位，实为并列式排位的一种特例。它是指当多人并排就座时，讲究“居中为上”，即应以居于中央的位置为上座，请客人就座；以其两侧的位置为下座，由主方人员就座。

（4）主席式

主要适用于正式场合，由主人一方同时会见两方或两方以上的客人。此时，一般应由主人面对正门而坐，其他各方来宾则应在其对面背门而坐。这种安排犹如主人正在主持会议，故称为主席式。有时，主人也可坐在长桌或椭圆桌的一端，而请各方客人坐在他的两侧。

（5）自由式

自由式的座次排列，即会见时有关各方均不分主次、不讲位次，而是一律自由择座。自由式通常用在客人较多，座次无法排列，或者大家都是亲朋好友，没有必要排列座次时。进行多方会面时，此法常常采用。

## 二、谈判位次礼仪

谈判，指的是有关各方为了各自的利益，进行有组织、有准备的正式协商及讨论，以便互让互谅、求同存异，以求最终达成某种协议的整个过程。举行正式谈判时，有关各方在谈判现场具体就座的位次，有非常严格的礼仪要求。从总体上讲，排列正式谈判的座次，可分为双边谈判和多边谈判两种情况。

### 1. 双边谈判位次排列

双边谈判的座次排列，主要有两种形式可供酌情选择，一种是横桌式，另一种是竖桌式。横桌式即谈判桌在谈判厅里横着摆放；竖桌式即谈判桌在谈判厅里竖着摆放。二者有相同之处，也有操作上的具体差异。

（1）横桌式。横桌式座次排列，是指谈判桌在谈判室内横放，客方人员面门而坐，主方人员背门而坐。除双方主谈者居中就座外，各方的其他人士则应依其具体身份的高低，各自先右后左、自高而低地分别在己方一侧就座。双方主谈者的右侧之位，在国内谈判中可坐副手，而在涉外谈判中则应由译员就座。

（2）竖桌式。竖桌式座次排列，是指谈判桌在谈判室内竖放。具体排位时以进门时的方向为准，右侧由客方人士就座，左侧由主方人士就座。在其他方面，则与横桌式排座相仿。

归纳起来，双边谈判时位次排列有以下四个细节需要注意。

细节一：举行双边谈判时，应使用长桌或椭圆形桌子，宾主应分坐于桌子两侧。

细节二：如果谈判桌横放，面对正门的一方为上，应属于客方；背对正门的一方为下，应属于主方。

细节三：如果谈判桌竖放，应以进门的方向为准，右侧为上，属于客方；左侧为下，属于主方。

细节四：进行谈判时，各方的主谈人员应在自己一方居中而坐。

### 2. 多边谈判位次排列

多边谈判，在此是指由三方或三方以上人士所举行的谈判。多边谈判的座次排列，也可分为两种形式。

（1）自由式。自由式座次排列，即各方人士在谈判时自由就座，而无须事先正式安排座次。

（2）主席式。主席式座次排列，是指在谈判室内，面向正门设置一个主席位，由各方代表发言时使用。其他各方人士，则一律背对正门、面对主席之位分别就座。各方代表发言后，也须下台就座。

**礼仪小贴士**

**做有风度的谈判者**

举行正式谈判时，谈判者尤其是主谈者的临场表现，往往直接影响到谈判的现场气氛。一般认为，谈判者的临场表现中，最为关键的是衣着规范、保持风度、礼待对手三个问题。

参加正式谈判时的着装，一般选择深色套装、套裙，白色衬衫，并配以黑色皮鞋。在谈判桌上，谈判者应做到心平气和、待人谦和。即使与对方存在严重的利益之争，也能彬彬有礼、冷静处事。

## 三、签字仪式位次礼仪

签字仪式，通常是指订立合同、协议的各方在合同、协议正式签署时所正式举行的仪式。举行签字仪式，不仅是对谈判成果的一种公开化、固定化，也是有关各方对自己履行合同、协议所做出的一种正式承诺。签字仪式可分为双边签字仪式和多边签字仪式。

### 1. 签字仪式座次排列三种基本形式

（1）并列式。并列式排座，是举行双边签字仪式时最常见的形式。基本做法是：签字桌在室内面门横放。双方出席仪式的全体人员在签字桌之后并排排列，双方签字人员居中面门而坐，客方居右，主方居左。

（2）相对式。相对式签字仪式的排座，与并列式签字仪式的排座基本相同。二者之间的主要差别，只是相对式排座将双边参加签字仪式的随员席移至签字人的对面。

（3）主席式。主席式排座，主要适用于多边签字仪式。其操作特点是：签字桌仍须在室内横放，签字席设在桌后，面对正门，但只设一个，并且不固定其就座者。举行仪式时，所有各方人员，包括签字人在内，皆应背对正门、面向签字席就座。

签字时，各方签字人应以规定的先后顺序依次走上签字席就座签字，然后退回原位就座。

### 2. 双边签字仪式位次排列的基本原则

（1）签字桌一般横放在签字厅内；

（2）双方签字者面对房间正门而坐；

（3）双方参加签字仪式的其他人员，一般需要呈直线、单行或者多行并排站立在签字者身后，并面对房间正门，通常面对房门站在右侧的是客方，站在左侧的是主方。要注意一点，中央要高于两侧，也就是双方地位高的人站在中间，站在最外面的人地位相对较低。如果站立的人员有多排，一般的原则是前排高于后排，站在第一排的人地位较高。

### 3. 多边签字仪式位次排列的基本原则

（1）签字桌横放；

（2）签字坐席面门而设，仅为一张；

（3）多边签字仪式讲究签字者要按照某种约定的顺序依次签名，而不像双边签字仪式一样大家平起平坐，同时签名。

## 四、会议位次礼仪

### 1. 小型会议位次安排原则

小型会议，一般指参加者较少、规模不大的会议，是全体与会者均应排座，不设立专用的主席台。

确定上位的基本方法：面门为上、居中为上、以右为上。

### 2. 大型会议位次安排原则

大型会议一般是指与会者众多、规模较大的会议。

会场上应设主席台与群众席，前者必须认真排座，后者的座次则可排可不排。主席台排座。大型会场的主席台，一般应面对会场主入口。

主席台座次的排列要求：

（1）前排高于后排、中央高于两侧、右侧高于左侧（商务会议）、左侧高于右侧（政务会议）。

（2）主席台必须排座次、放名签，以便领导同志对号入座，避免上台之后互相谦让。

（3）主席台座次排列，人数为单数时，主要领导居中，2号领导在1号领导左手位置，3号领导在1号领导右手位置；领导为偶数时，1、2号领导同时居中，2号领导依然在1号领导左手位置，3号领导依然在1号领导右手位置。

（4）几个单位的领导同时上主席台，通常按单位排列次序排列。可灵活掌握，不生搬硬套。如对一些德高望重的老同志，也可适当往前排，而对一些较年轻的领导同志，可适当往后排。另外，对邀请的上级单位或兄弟单位的来宾，也不一定非得按职务高低来排，通常掌握的原则是：上级单位或同级单位的来宾，其实际职务略低于主人一方领导的，可安排在主席台适当位置就座。这样，既体现出对客人的尊重，又使主客都感到较为得体。

（5）对上主席台的领导能否届时出席会议，在开会前务必逐一落实。主席台领导到会场后，要安排在休息室稍候，再逐一核实，并告之上台后所坐方位。如主席台人数很多，还应准备座位图。如有临时变化，应及时调整座次、座次牌，防止主席台上出现座次牌差错或空缺。还要注意认真填写座次牌，谨防错别字出现。

### 3. 茶话会位次安排原则

为了使与会者畅所欲言，并且便于大家进行交际，茶话会上的座次安排尊卑并不宜过于明显，允许自由活动，不摆与会者的名签，是常规作法。

茶话会的位次安排有以下四种办法：

（1）环绕式。所谓环绕式排位，指的是不设立主席台，而将座椅、沙发、茶几摆放在会场的四周，不明确座次的具体尊卑，而听任与会者在入场之后自由就座。这一安排座次的方式，与茶话会的主题最相符，因而在当前流行面最广。

（2）散座式。所谓散座式排位，多见于举行于室外的茶话会。它的座椅、沙发、茶几的摆放，貌似散乱无序，四处自由地组合，甚至可由与会者根据个人要求而自行调节，随意安置。其目的，就是要创造出一种宽松、舒适、惬意的社交环境。

（3）圆桌式。圆桌式排位，指的是在会场上摆放圆桌，而请与会者在其周围自由就座的一种安排座次的方式。在茶话会上，圆桌式排位通常又分为下列两种具体的方式：一是仅在会场中央安放 张大型的椭圆形会议桌，而请全体与会者在其周围就座。二是在会场上安放数张圆桌，而请与会者自由组合，各自在其周围就座。当与会者人数较少时，可采用前者。而当与会者人数较多时，则应采用后者。

（4）主席式。在茶话会上，主席式排位并不意味着要在会场上摆放一目了然的主席台，而是指在会场上，主持人、主人与主宾应被有意识地安排在一起就座，并且按照常规，居于上座之处。例如，中央、前排、会标之下或是面对正门之处。

## 五、宴会位次礼仪

在正式的商务宴请中，位次的排列往往比菜肴的选择更为引人瞩目。宴会的位次排列涉及两个问题：桌次，不同餐桌位置的安排；位次，每张餐桌上具体的尊卑位次。

### 1. 宴会桌次安排的“三上”原则

在正式宴会上，进餐者往往不止一桌。当出现两张以上的餐桌时，就出现了桌次排列的问题。这时，桌次排列的基本要求是：居中为上、以右为上、以远为上，即离房间正门越远，地位越高。正式宴会座次排列一般习惯把宾主交叉排列。

比较正式的宴会，一般桌子上要放桌签，一号桌、二号桌、三号桌……另外，桌上应该放姓名签。桌签应该等客人都坐好了之后再收掉，而且桌签应该是双向的。

一张桌子上具体位置的排列需要注意以下三个关键点：

（1）面门居中者为上，一般坐在面对房间正门位置上的人是主人，称为主位；

（2）主人右侧的位置是主宾位；

（3）宾主双方的其他赴宴者有时候不必交叉安排，可以令主人一方的客人坐在主位的左侧，客人一方的人坐在主人的右侧，也就是主左宾右。

### 2. 同一桌上的位次安排

同一桌上的席位高低，以离主人的远近而定，主人位一般是面向门口的正中位置。主人右手位置是主宾席，顺时针方向，按照来宾身份从高到低排列席位。当有女主人或者副主人时，女主人坐男主人对面，其右手一般是主宾的夫人。

## 六、乘车位次礼仪

轿车是商务活动中最为常见的交通工具。轿车的类型不同，乘车时座次的排列也大为不同。公务用车时，上座为后排右座；在平常的社交应酬中，上座为副驾驶座；接待重要客人时，上座为司机后面的座位，这是最基本的乘车礼仪。

### 1. 轿车里的位次礼仪

（1）乘坐吉普车及乘坐四排座或四排座以上的中型或大型轿车

乘坐吉普车时，前排驾驶员身旁的副驾驶座为上座。车上其他的座次，由尊而卑依次为：后排右座，后排左座。

乘坐四排座或四排座以上的中型或大型轿车时，通常应以距离前门的远近来确定座次，离前门越近，座次越高；而在各排座位中，则又讲究“右高左低”。简单地讲，可以归纳为：由前而后，自右而左。

（2）乘坐双排座位或三排座轿车

乘坐双排座位或三排座轿车时，座次的具体排列，因驾驶员的身份不同，具体分为下述两种情况：

车主亲自驾驶轿车的情况下，双排五座轿车上其他四个座位的座次，由尊而卑依次应为：副驾驶座、后排右座、后排左座、后排中座。

三排七座轿车上其他六个座位的座次，由尊而卑依次应为：副驾驶座、中排右座、中排中座、中排左座、后排右座、后排中座、后排左座。当主人亲自驾车时，若一个人乘车，则必须坐在副驾驶座上；若多人乘车，必须推举一个人在副驾驶座上就座，不然就是对主人的失敬。

由专职司机驾驶轿车的情况下，双排五座轿车上其他四个座位的座次，由尊而卑依次应为：后排右座、后排左座、后排中座、副驾驶座。

三排七座轿车上，其他六个座位的座次，由尊而卑依次应为：后排右座、后排左座、后排中座、中排右座、中排左座、副驾驶座。

三排九座轿车上其他八个座位的座次，由尊而卑依次应为（假定驾驶座居左）：中排右座、中排中座、中排左座、后排右座、后排中座、后排左座、前排右座、前排中座。

根据常识，轿车的前排，特别是副驾驶座，是车上最不安全的座位。因此，按惯例，在社交场合，该座位不宜请女性或儿童就座。在公务活动中，副驾驶座，特别是双排五座轿车上的副驾驶座被称为“随员座”，循例专供秘书、翻译、警卫、陪同等随从人员就座。

### 2. 上下车的先后顺序

乘坐轿车时，按照惯例，应当请位尊者先上车，最后下车。位卑者应当最后上车，最先下车。在轿车抵达目的地时，若有专人恭候，并负责拉开轿车的车门，这时位尊者可以率先下车。

## 实践训练

**实践项目：**模拟安排一次签字仪式顺序

**情境描述：**你是一家公司职员，公司将与另外一家单位举行签字仪式，请试试看，你如何安排签字顺序？

**实践指导：**

1. 宣布开始。此时，有关各方人员应先后步入签字厅，在各自既定的位置上正式就座。

2. 签署文件。通常的做法是，首先签署应由己方保存的文本，然后再签署应由他方保存的文本。依照礼仪规范，每一位签字人在己方所保留的文本上签字时，应当名列首位。

因此，每一位签字人均须首先签署将由己方保存的文本，然后再交由他方签字人签署。此种做法，通常称为“轮换制”。它的含义是：在文本签名的具体顺序上，应轮流使有关各方均有机会居于首位一次，以示各方完全平等。

3. 交换文本。各方签字人此时应热烈握手、互致祝贺，并互换刚才用过的签字笔，以示纪念。全场人员应热烈鼓掌，以表示祝贺之意。

4. 饮酒庆贺。有关各方人员一般应在交换文本后饮上一杯香槟酒，并与其他方面的人士一一干杯。这是国际上所通行的增加签字仪式喜庆色彩的一种常规做法。

## 自主学习

### 一、判断题（正确的在括号内打“√”，错误的打“×”）

1. 会客时，一定要恭请来宾就座于上座。（　）

2. 举行正式谈判时，谈判者尤其是主谈者的临场表现，往往直接影响到谈判的现场气氛。（　）

3. 举行正式谈判时，有关各方在谈判现场具体就座的位次，有非常严格的礼仪要求。（　）

4. 正式宴会座次排列一般习惯把宾主交叉排列。（　）

5. 虽然轿车的类型不同，但乘车时座次的排列基本相同。（　）

## 二、选择题

1. 会客时，当难以排列座次时，可（　　）。

　A. 对面而坐，面门为上　　B. 并列而坐，以右为上

　C. 自由择座　　D. 对面而坐，背门为上

2. 进行多方会面时，常常采用（　　）的位次。

　A. 并列式　　B. 居中式　　C. 主席式　　D. 自由式

3. 双边签字仪式中签字桌一般采用（　　）。

　A. 横放　　B. 竖放　　C. 随意

4. 茶话会位次安排是否要摆放与会者的名签？（　　）

　A. 需要摆放　　B. 不需要摆放　　C. 视情况安排

5. 在正式宴会上，当出现两张以上的餐桌时，桌次排列的基本要求是（　　）

　A. 居中为上　　B. 以右为上　　C. 以远为上　　D. 以近为上

## 三、案例分析题

某公司的王先生年轻肯干，点子又多，很快引起了总经理的注意并拟提拔为营销部经理。为了慎重起见，决定再进行一次考查，恰巧总经理要去省城参加一个商品交易会，需要带两名助手，总经理一是选择了公关部杜经理，一是选择了王先生。王先生自然同样看重这次机会，也想寻机好好表现一下。

出发前，由于司机小王乘火车先行到省安排一些事务，尚未回来，所以，他们临时改为搭乘董事长驾驶的轿车一同前往。上车时，王先生很麻利地打开了前车门，坐在驾车的董事长旁边的位置上，董事长看了他一眼，但王先生并没有在意。

车上路后，董事长驾车很少说话，总经理好像也没有兴致，似在闭目养神。为活跃气氛，王先生寻一个话题："董事长驾车的技术不错，有机会也教教我们，如果都自己会开车，办事效率肯定会更高。"董事长专注地开车，不置可否，其他人均无应和，王先生感到没趣，便也不再说话。

一路上，除董事长向总经理询问了几件事，总经理简单地作答后，车内再也无人说话。到达省城后，王先生悄悄问杜经理：董事长和总经理好像都有点不太高兴？杜经理告诉他原委，他才恍然大悟，"噢，原来如此。"

会后从省城返回，车子改由司机小王驾驶，杜经理由于还有些事要处理，需在省城多住一天，同车返回的还是四人。这次不能再犯类似的错误了，王先生想。于是，他打开前车门，请总经理上车，总理坚持要与董事长一起坐在后排，王先生诚

恳地说："总经理您如果不坐前面，就是不肯原谅来的时候我的失礼之处。"并坚持让总经理坐在前排才肯上车。

回到公司，同事们知道王先生这次是同董事长、总经理一道出差，猜测着肯定提拔他，都纷纷向他祝贺，然而，提拔之事却一直没有人提及。

请结合所学知识分析，王先生为何错过了晋升的机会？

## 评价考核

表3-2 位次礼仪评价考核表

| 考评内容 | 位次礼仪 | | |
|---|---|---|---|
| 考核标准 | 内 容 | 分值（分） | 评分（分） |
| | 安排会客位次礼仪符合规范 | 25 | |
| | 会合乎规范地安排谈判位次 | 10 | |
| | 会模拟安排签字位次礼仪 | 15 | |
| | 会议位次礼仪安排合乎规范 | 25 | |
| | 会合乎规范地安排乘车位次礼仪 | 25 | |
| 合 计 | | 100 | |

注：可自评或他人考评。评价考核分为100分，60～69分为及格；70～79分为中；80～89分为良；90分以上为优秀。

# 第11讲 通信礼仪

## 任务描述

**知识目标：**

1. 了解电话礼仪的要求；
2. 了解网络礼仪的基本要求；
3. 了解电子邮件礼仪的要求；
4. 了解传真礼仪的要求。

**能力目标：**

1. 能够规范地拨打与接听电话；
2. 能够自觉地遵守网络规范；
3. 能够规范地收发电子邮件；
4. 学会传真文件。

## 知识储备

### 一、电话礼仪

在所有电子通信手段中，电话出现最早，使用最广。因此，电话礼仪是商界人士所要掌握的重点。对于商界人士来讲，电话不仅仅是一种传递信息、获取信息、保持联络的寻常工具，而且也是商务人员所在单位或个人的形象的一个载体。在商务交往中，普普通通的接打电话，实际上是在为通话者所在的单位、为通话者本人绘制一幅给人以深刻印象的电话形象。所谓电话形象，即人们在通电话的整个过程之中的语言、声调、内容、表情、态度、时间感等的集合。它能够真实地体现出个人的素质、待人接物的态度以及通话者所在单位的整体水平。

#### 1. 拨打电话礼仪

在商务交往中，需要商务人员“先发制人”，首先打电话给别人的情况极多。当商务人员准备拨打电话时，率先考虑的问题共有三个。

问题之一，是这个电话该不该打。需要通报信息、祝贺问候、联系约会、表示感谢等时候，都有必要利用一下电话。而毫无意义、毫无内容的“没话找话”式的电话，则最好不要打。即使非常地想打电话聊聊天，也要两厢情愿，要先征得对方首肯，并选择适当的时间。不要在单位打私人电话。在公用电话亭“目空一切”地“煲电话粥”，也是做人极不自觉地表现。

问题之二，是这个电话应当何时去打。有关公务的电话，应当公事公办。最好在上班时打。双方约定的通话时间，轻易不要更动。要想使通话效果好一些，使之不至于受到对方繁忙或疲劳的影响，则通话应选择在周一至周五，而不应是在周末。也不要在对方刚上班、快下班、午休或快吃午饭时，不识时务地把电话打过去。因紧急事宜打电话到别人家里去，通话之初先要为此说声“对不起”，而且尽量不要在对方用餐、睡觉、过节、度周末时这样做。与外商通电话时，须顾及对方在作息时间上的特点。打电话去海外，还应考虑到此地与彼地的时差。

问题之三，是这个电话的内容应当如何准备。电话被称为“无形造访的不速之客”。在很多情况下，它都有可能“出其不意”地打搅别人的正常工作或生活。因此，打电话的人务必要有一个明确的指导思想，除非万不得已，每次打电话的时间不应超过三分钟。在国外，这叫做“通话三分钟原则”，已为商界所广泛遵守。有鉴于此，商界人士在打电话前，为节省时间，一定要“去粗取精”，条理清晰地预备好提纲。届时，应根据腹稿或文字稿来直截了当地通话。若拨通电话时对方正忙，则不应强人所难，非“一气呵成”不可。可以约一个小时，过一会再打。此外，与不熟悉的单位或个人联络，对对方的名字与电话号码应当弄得一清二楚，以便“胸有成竹”，免得因为搞错而浪费时间。

**礼仪小贴士**

**打电话的语言要求**

打电话时，我们的声音应当清晰而柔和，吐字应当准确，句子应当简短，语速应当适中，语气应当亲切、和谐、自然。打电话时最好双手持握话筒，讲话时，嘴部与话筒之间应保持三厘米左右的距离。这样的话，就不会使对方接听电话时，因话音过高或过低而感到“难过”了。

### 2. 接听电话礼仪

接电话时，要求速度快，态度好，姿势雅。

在国外，接电话有“铃响不过三遍”一说。电话铃声一响，就应立即跑过去接电话，并且越快越好。

接电话时，态度应当殷勤、谦恭。在办公室里接电话，尤其是外来的客人在场时，最好是走近电话，双手捧起话筒，以站立的姿势，面含微笑地与对方友好通话。不要坐着不动，一把把电话拽过来，抱在怀里，夹在脖子上通话。不要拉着电话线，走来走去地通话；也不要坐在桌角、趴在沙发上或是把双腿高抬到桌面上，大模大样地与对方通话。

在通话时，接电话的一方不宜率先提出中止通话的要求。万一自己正在开会、会客，不宜长谈，或另有其他电话打进来，需要中止通话时，应说明原因，并告之对方：“一有空闲，我马上打电话给您。”

遇上不识相的人打起电话没个完，非得让其“适可而止”不可的话，说得应当委婉、含蓄，不要让对方难堪。比如，不宜说：“你说完了没有？我还有别的事情呢，”而应当讲：“好吧，我不再占用您的宝贵时间了”，“真不希望就此道别，不过以后真的希望再有机会与您联络”。

礼仪小贴士

### 接电话的第一句

在正式的商务交往中，接电话时拿话筒所讲的第一句话，常见的有三种形式。

第一种，是以问候语加上单位、部门的名称以及个人的姓名。它最为正式。例如：

“您好！星空文化集团人事部王伟。请讲。”

第二种，是以问候语加上单位、部门的名称，或问候语加上部门名称。它适用于一般场合。例如：

“您好！星空文化集团人事部。请讲。”或者“您好！人事部。请讲。”后一种形式，主要适用于总机接转的电话。

第三种，是以问候语直接加上本人姓名。它仅适用于普通的人际交往。例如：

“您好！王伟。请讲。”

### 3. 代接电话礼仪

商务往来比较多的人，可请秘书代为处理电话，也可以本人不在时使用录音电话。不过本人在场时，一般是不合适使用录音电话哄人的。

万一需要用录音装置时，则必须使自己预留的录音友好，谦恭。通常，预留的录音应为：“你好！这里是某某公司某某部。本部门工作人员现在因公外出，请您在信号声音响过之后留言，或者留下您的姓名与电话号码，我们将尽快与您联络。谢谢，再见。”

代接电话时，讲话要有板有眼。被找的人如果就在身旁，应告诉打电话者：“请稍候”，然后立即转交电话，不要抱着恶作剧或不信任的态度，先对对方“调查一番”，尤其是不允许将这类通话扩音出来。

被来电寻找的人如果尚在别处，应迅速过去寻找。不要懒于行动，连这点“举手之劳”都不愿意做，蒙骗对方说“人不在”，或是大喊大叫“某人找某某人”。倘若被找的人不在，应在接电话之初立即相告，并可以适当地表示自己可以“代为转告”的意思。不过应当先讲“某人不在”，然后再问“您是哪位”或“您有什么事情”，切勿“本末倒置”过来。省得让打电话者疑心：他要找的人正在旁边，可就是不想搭理他。

表示自己可以“代为转告”的意思时，应当含蓄一些。例如：“需要我为您效劳的话，请吩咐”，听上去就“可进可退”。不要一开口就“不由分说”，说什么“你有什么事情，都尽管可以告诉我，我一定不会‘贪污’”云云。只有在比较熟的人之间，才可以直接询问：“您有留言吗？”“要不要我告诉某某人，一回来就打电话给您”。

代接电话时，对方如有留言，应当场笔录下来。之后，还应再次复述一次，以免有误。

### 4. 手机使用礼仪

商界人士在日常交往中使用手机时，要注意以下五个方面的礼仪规范：

一是要置放到位。商务礼仪规定，手机的使用者，当将其放置在适当之处。按照惯例，外出之际随身携带手机的最佳位置有二：公文包里或上衣口袋之内。大凡正式的场合，切不可有意将其展示于人。把它们握在手中，别在衣服外面，放在自己身边，或有意当众对其进行摆弄，都是不礼貌的。

二是要遵守公德。在公共场所活动时，商务人员尽量不要使用手机。当其处于待机状态时，应使之静音或转为震动。需要与他人通话时，应寻找无人之处，而切勿当众自说自话。在参加宴会、舞会、音乐会，前往法院、图书馆，或是参观各类展览时，尤须切记此点。

三是要保证畅通。告诉交往对象自己的手机号码时，务必力求准确无误。如系口头相告，应重复一两次，以便对方进行验证。若自己的手机改动号码，应及时通报给重要的交往对象，免得双方的联系一时中断。有必要时，除手机号码外，不妨同时再告诉自己的交往对象其他几种联系方式，以有备无患。

四是要重视私密。手机的号码不宜随便告之于人。即便在名片上，也不宜包含此项内容。考虑到相同的原因，随意借用别人的手机也是不适当的。

五是要注意安全。按照常规，在驾驶车辆时，不宜忙里偷闲，同时使用手机通话。乘坐客机时，必须自觉地关闭本人随身携带的手机。因为它们所发出的电子信号，会干扰飞机的导航系统。在加油站或是医院里停留期间，也不准开启手机。否则，就有可能酿成火灾，或影响医疗仪器设备的正常使用。此外，在标有文字或图示禁用手机的地方，均须遵守规定。

## 二、网络礼仪

网络礼仪是指人们在网上交流信息时被公众认可的、并被嘉许的各种网上的行为规范和准则。

### 1. 记住人的存在

互联网给予来自五湖四海的人们一个共同的地方聚集，这是高科技的优点但往往也使得我们面对计算机银屏忘了我们是在跟其他人打交道，我们的行为也因此容易变得粗劣和无礼。因此“网络礼节”第一条就是“记住人的存在”。如果你当着面不会说的话在网上也不要说。

### 2. 网上网下行为一致

在现实生活中大多数人都是遵纪守法，同样的在网上也应如此。网上的道德和法律与现实生活是相同的，不要以为在网上与电脑交易就可以降低道德标准。

### 3. 入乡随俗

同样是网站，不同的论坛有不同的规则。在一个论坛可以做的事情在另一个论坛可能不宜做。比方说在聊天室打哈哈发布传言和在一个新闻论坛散布传言是不同的。最好的建议：先爬一会儿墙头再发言，这样你可以知道论坛的气氛和可以接受的行为。

### 4. 尊重别人的时间

在提问题之前，先自己花些时间去搜索和研究。很有可能同样问题之前已经问过多次，现成的答案随手可及。不要以自我为中心，别人为你寻找答案需要消耗时间和资源。

### 5. 给自己网上留个好印象

因为网络的匿名性质，别人无法从你的外观来判断，因此你一言一语成为别人对你印象的唯一判断。如果你对某个方面不是很熟悉，找几本书看看再开口，无的放矢只能落个灌水王帽子。同样的，发帖以前仔细检查语法和用词。不要故意挑衅和使用脏话。

### 6. 分享你的知识

除了回答问题以外，这还包括当你提了一个有意思的问题而得到很多回答，特别是通过电子邮件得到以后，你应该写份总结与大家分享。

### 7. 平心静气地争论

争论与大战是正常的现象。要以理服人，不要人身攻击。

### 8. 尊重他人的隐私

别人与你用电子邮件或私聊（ICQ/QQ）的记录应该是隐私一部分。如果你认识某个人用笔名上网，在论坛未经同意将他的真名公开也不是一个好的行为。如果不小心看到别人打开计算机上的电子邮件或秘密，你不应该到处传播。

### 9. 不要滥用权利

管理员版主比其他用户有更多权利，他们应该珍惜使用这些权利。游戏室内的高手应该对新手枪下留情。

### 10. 宽容

我们都曾经是新手，都会有犯错误的时候。当看到别人写错字，用错词，问一个低级问题或者写篇没必要的长篇大论时，你不要在意。如果你真的想给他建议，最好用电子邮件私下提议，人都是爱面子的。

**礼仪小贴士**

**适当地、正确地使用图释交流**

在网上交流时，适当地用一些图释会增加交流沟通的情趣，使双方身心愉悦。但是使用图释必须准确无误，否则会造成不必要的误解，效果将适得其反。

用基本键盘即可组合的一些常用图释：

:-) 表示高兴或开玩笑

;-) 表示眨眼

:-( 表示不高兴

:-| 表示矛盾

:-o 表示惊讶或关心

:-x 表示一句话都不说

:-p 表示吐舌（通常是用于开玩笑）

## 三、电子邮件礼仪

电子邮件，又称电子函件或电子信函。它是利用电子计算机所组成的互联网络，向交往对象所发出的一种电子信件。使用电子邮件进行对外联络，不仅安全保密，节省时间，不受篇幅的限制，清晰度极高，而且还可以大大地降低通信费用。

### 1. 电子邮件应当认真撰写

向他人发送的电子邮件，一定要精心构思，认真撰写。若是随想随写，是既不尊重对方，也不尊重自己的表现。

在撰写电子邮件时，以下三点尤其需要注意。

一是主题要明确。一个电子邮件，大都只有一个主题，并且往往需要在前注明。若是将其归纳得当，收件人见到它便对整个电子邮件一目了然了。

二是语言要流畅。电子邮件要便于阅读，就要以语言流畅为要。尽量别写生僻字、异体字。引用数据、资料时，则最好标明出处，以便收件人核对。

三是内容要简洁。网上的时间极为宝贵，所以电子邮件的内容应当简明扼要，越短越好。

### 2. 电子邮件应当避免滥用

在信息社会中，任何人的时间都是无比珍贵的。对商界人士来讲，这一点就显得更加重要了。所以有人才会说："在商务交往中要尊重一个人，首先就要懂得替他节省时间。"有鉴于此，若无必要，轻易不要向他人乱发电子邮件。尤其是不要以之与他人谈天说地，或是只为了检验一下自己的电子邮件能否成功地发出，更不宜随意以这种方式在网上征友。目前，有不少网民时常会因为自己的电子信箱中堆满了无数的无聊的电子邮件，甚至是陌生人的电子邮件而烦心不堪。

对其进行处理，不仅会浪费自己的时间和精力，而且还有可能会耽搁自己的正事。

不过一般而言，收到他人的重要电子邮件后，即刻回复对方一下，往往还是必不可少的。

### 3. 电子邮件应当慎选功能

现在市场上所提供的先进的电子邮件软件，可有多种字体备用，甚至还有各种信纸可供使用者选择。这固然可以强化电子邮件的个人特色，但是此类功能商界人士是必须慎用的。这主要是因为，一方面，对电子邮件修饰过多，难免会使其容量增大，收发时间增长，既浪费时间又浪费金钱，而且往往会给人以华而不实之感。另外一方面，电子邮件的收件人所拥有的软件不一定能够支持上述功能。这样一来，他所收到的那个电子邮件就很有可能会大大地背离了发件人的初衷，因而使之前功尽弃。

## 四、传真礼仪

传真，又叫做传真电报。它是利用光电效应，通过安装在普通电话网络上的传真机，对外发送或是接收外来的文件、书信、资料、图表、照片真迹的一种现代化的通信联络的方式。现在，在国内的商界单位中，传真机早已普及成为不可或缺的办公设备之一。利用传真通信的主要优点是，它操作简便，传送速度非常之迅速，而且可以将包括一切复杂图案在内的真迹传送出去。它的缺点主要是发送的自动性能较差，需要专人在旁边进行操作。有些时候，它的清晰度难以确保。

### 1. 合法使用传真

安装、使用传真设备前，须经电信部门许可，并办理相关的一切手续，不准私自安装、使用传真设备。

使用自备的传真设备期间，按照规定，每个月都必须到电信部门交纳使用费用。

### 2. 得法使用传真

本人或本单位所用的传真机号码，应被正确无误地告之自己重要的交往对象。一般而言，在商用名片上，传真号码是必不可少的一项重要内容。

使用传真时，也有一定的规矩，传真应当包括你的联系信息、日期和页数。

在发送传真之前应先争求别人的意见，未经别人允许不要发传真，那样会浪费别人的纸张，占用别人的线路，有时候，传真中还会涉及一些私密的内容，被旁人知道可能会让当事人感到尴尬。因此，除非确定接受人就在传真机边上等着，否则不要发送重要或保密的信息。

如果对方使用的传真机并非他本人专用，一定要在传真文件上标明收件人、发件人的信息，方便对方回应。如有重要事项，传真后还应电话确认。

## 实践训练

**实践项目：**接听投诉电话

**情境描述：**你是一家公司的办公室人员，每天接听各种电话，碰到接到客户的投诉电话时你该怎么办？

**实践指导：**

投诉的客户也许会牢骚满腹，甚至暴跳如雷，如果作为被投诉方的你缺少理智，像对方一样感情用事，以唇枪舌剑回击客户，不但于事无补，反而会使矛盾升级。

正确的做法是：你处之泰然，洗耳恭听，让客户诉说不满，并耐心等待客户心静气消。其间切勿说："但是"、"话虽如此，不过……"之类的话进行申辩，应一边肯定顾客话中的合理成分，一边认真琢磨对方发火的根由，找到正确的解决方法，用肺腑之言感动顾客。从而，化干戈为玉帛，取得顾客谅解。如果自己不能解决时，应将索赔内容准确及时地告诉负责人，请他出面处理。

## 自主学习

### 一、判断题（正确的在括号内打"√"，错误的打"×"）

1. 电话形象能够真实地体现出个人的素质、待人接物的态度。（　）
2. 当我们非常地想打电话聊聊天时，随时可以联系对方。（　）
3. 接电话时，要求速度快，态度好，姿势雅。（　）
4. 网络是虚拟世界，网络上的道德和法律与现实生活有所不同。（　）
5. 电子邮件具有简单快捷的优点。（　）

### 二、选择题

1. 一般接听电话有"铃不过（　）遍"的惯例。

A. 二　　B. 三　　C. 四　　D. 五

2. 打电话时最好双手持握话筒，讲话时，嘴部与话筒之间应保持（　）厘米左右的距离。

A. 二　　B. 三　　C. 四　　D. 五

3. 按照惯例，外出之际随身携带手机的最佳位置是（　）。

A. 公文包里　　B. 上衣口袋之内

C. 握在手中　　D. 挂在腰间

4. 网络上表示吐舌，通常用于开玩笑的图释是（　）。

A. :-)　　B. :-o　　C. :-x　　D. :-p

5. 在使用传真时，我们要注意的是（　）。

A. 传真应当包括联系信息、日期和页数

B. 发送传真之前应先争求别人的意见

C. 如有重要事项，传真后还应电话确认

D. 如果对方使用的传真机并非他本人专用，一定要在传真文件上标明收件人、发件人的信息

### 三、案例分析题

结合如下电话记录回答问题：

A：请问王老师在吗？

王老师：我是王老师，请问您是哪位？

A：王老师，您猜呢？

王老师：是李华吗？

A：不是！

王老师：是刘霞吗？

A：不是！老师您都忘了我的声音了。

请问：（1）打电话者采用的方式是否合适？存在什么问题？（2）打电话应该注意哪些礼仪规范？

## 评价考核

表 3-3　通信礼仪评价考核表

| 考评内容 | 通信礼仪 | | |
|---|---|---|---|
| 考核标准 | 内　容 | 分值（分） | 评分（分） |
| | 拨打电话规范 | 15 | |
| | 接听电话规范 | 15 | |
| | 手机使用规范 | 20 | |
| | 自觉遵守网络规范礼仪 | 20 | |
| | 电子邮件收发规范 | 20 | |
| | 传真使用规范 | 10 | |
| 合　计 | | 100 | |

注：可自评或他人考评。评价考核分为100分，60～69分为及格；70～79分为中；80～89分为良；90分以上为优秀。

# 第12讲　办公室礼仪

## 任务描述

### 知识目标：

1. 了解办公室环境布置要求；

2. 学习办公室人际交往策略。

**能力目标：**

1. 会布置整洁高雅的办公室环境；
2. 会整理办公物品；
3. 能够妥善处理办公室各种人际关系。

## 知识储备

## 一、办公室环境布置

办公室是社会组织成员工作的地方，同时也是接待各位来访者的场所。从一定意义上说，办公室是社会组织的门面，来访者因办公室的环境而产生对社会组织的第一印象。凡是成功的社会组织都非常重视办公环境礼仪。

### 1. 办公室环境的布置

办公环境的布置，是一种无声的语言，向来访者传递着信息，体现着社会组织的风格和精神面貌。办公环境状况还会影响工作人员的心理情绪，进而影响他们的言谈举止，影响他们待人接物的礼貌礼节。在一个整洁干净、格调高雅的办公环境中，人们会自觉不自觉地要求自己与环境相协调，从而自然而然地变得文明礼貌、庄重大方。

### 2. 办公室环境的风格

办公环境的设计风格，既不同于家庭环境的温馨舒适，也不同于宾馆饭店的豪华气派。办公环境的设计风格应该是庄重、整洁、高雅、安全，并能够体现组织的特点及品味。

### 3. 办公室环境布置的要求

（1）要勤于清理环境卫生，尤其是烟灰、纸屑要处理好，应尽量保证桌面和办公设备的清洁。

（2）文件、报纸要归档放好，饭盒不要放在明处。

（3）不要将小件物品，如信笺、信封、胶水、笔、软盘等摊放在桌面上。

（4）室内应经常通风换气。可适当摆放一些盆花、盆景，在净化空气的同时，也起到点缀的作用。但要及时将已枯萎的花、叶扔掉。

（5）办公室一般不要摆放私人相片及悬挂美女挂历。

## 二、办公室人际交往

办公室有时就是一个小社会，面对各种利益冲突，你必须找准角色定位，协调处理好人际关系，既不能孤芳自赏，又不能表现过度。

### 1. 与同事的关系

要提高共事能力，与同事结成良好的工作伙伴。同事之间要做到相互支持，相互关心，相互信任。要以诚相待，尊重别人，不骄不躁，不分亲疏。特别要处理好与异性同事的关系，要保持距离，不能过于亲密，尽量避免单独交往。

### 2. 与上级的关系

要增强服从意识，下级服从上级，服从命令听指挥。要努力维护领导的形象和声誉，不说有损领导形象的话，不做有损领导形象的事，尊敬领导，做到不越位，不添乱。

### 3. 与下级的关系

要摆正与下级的关系，多关心、支持、体谅和爱护下级，不摆架子，不以势压人。不搞亲亲疏疏，既严格要求，又不徇私情。

### 4. 与访客的关系

接待因工作关系到访的客人，要做到热情、友善、耐心、诚恳。要出于公心，一视同仁。

**礼仪小贴士**

**办公室说话艺术**

办公室里说话的艺术不乱说话不等于不说话，一定要分场合。谈公司里的事情最好在比较适合、公开的场所，比如部门主管征询意见时，你不说就不妥，或者开讨论会时，该发言就不能闷着，老不说话，老板以为你没主意，但私底下的闲话少，麻烦也少。办公室里闲话的滋生地，工作间歇，大家很愿意找些话题来放松一会儿，为了不让闲聊入侵私域，最好有意围绕新闻、热点、影视作品谈天，避开个人问题，放得开而且无害。

### 5. 办公室禁忌话题与对策

（1）家庭财产之类话题

家庭财产之类的私人秘密让别人知道有坏处吗？不是你不坦率，坦率是要分人和分事的，从来就没有不分原则的坦率，什么该说什么不该说，心里必须有谱。就算你刚刚新买了别墅或利用假期去欧洲玩了一趟，也没必要拿到办公室来炫耀，有些快乐，分享的圈子越小越好。被人妒忌的滋味并不好，因为容易招人算计。

相应对策：无论露富还是哭穷，在办公室里都显得做作，与其讨人嫌，不如知趣一点，不该说的话不说。

（2）薪水问题类话题

薪水问题可以交流吗？很多公司不喜欢职员之间打听薪水，因为同事之间工资往往有不小差别，所以发薪时老板有意单线联系，不公开数额，并叮嘱不让他人知道。同工不同酬是老板常用的手段，用好了，是奖优罚劣的一大法宝，但它是把双刃剑，用不好，就容易引发员工之间的矛盾，而且最终会掉转刀口朝上，矛头直指老板，这当然是他所不想见的，所以对“包打听”之类的人总是格外防备。相关新闻：你的薪水里有多少“猫腻”。

相应对策：如果你碰上有这样的同事，最好早做打算，当他把话题往工资上引时，你要尽早打断他，说公司有纪律不谈薪水；如果不幸他语速很快，没等你拦住就把话都说了，也不要紧，用外交辞令冷处理：“对不起，我不想谈这个问题。”有来无回一次，就不会有下次了。

（3）私人生活类话题

私人生活在办公室说好吗？无论失恋还是热恋，别把情绪带到工作中来，更别把故事带进来。办公室里容易聊天，说起来只图痛快，不看对象，事后往往懊悔不迭。可惜说出口的话泼出去的水，再也收不回来了。

把同事当知己的害处很多，职场是竞技场，每个人都可能成为你的对手，即便是合作很好的搭档，也可能突然变脸，他知道你越多越容易攻击你，你暴露的越多越容易被击中。

比如你曾告诉她男友跟别人好了，她这时候就有说头：“连老公都不能搞定的人，公司的事情怎么放心交给她。”职场上风云变幻，环境险恶，你不害人，同时也不得不防人，把自己的私域圈起来当成办公室话题的禁区，轻易不让公域场上的人涉足，其实是非常明智的一招，是竞争压力下的自我保护。“己所不欲，勿施于人”，如果你不先开口打听别人的私事，自己的秘密也不易被打听。相应对策：千万别聊私人问题，也别议论公司里的是非短长。你以为议论别人没关系，用不了几个来回就能绕到你自己头上，引火烧身，那时再逃跑就显得被动。

（4）个人职场野心类话题

野心勃勃的话会对你有什么威胁？在办公室里大谈人生理想显然滑稽，打工就安心打工，雄心壮志回去和家人、朋友说。在公司里，要是你没事整天念叨“我要当老板，自己置办产业”，很容易被老板当成敌人，或被同事看作异己。如果你说“在公司我的水平至少够副总”或者“35岁时我必须干到部门经理”，那你很容易把自己放在同事的对立面上。

相应对策：因为野心人人都有，但是位子有限。你公开自己的进取心，就等于公开向公司里的同事挑战。僧多粥少，树大招风，何苦被人处处提防，被同事或上司看成威胁。做人要低姿态一点，是自我保护的好方法。你的价值体现在做多少事上，在该表现时表现，能人能在做大事上，而不在大话上。

## 实践训练

**实践项目：**整理归纳办公桌物品

**情境描述：**公司内进行5S管理，要求整理物品，请以你的课桌为例进行整理。

**实践指导：**

1．整理：将工作场所中的任何物品区分为必要的与不必要的，必要的留下来，不必要的物品彻底清除。

2．整顿：必要的东西分门别类依规定的位置放置，摆放整齐，明确数量，加一标示。

3．清扫：清除工作场所内的脏污，并防止脏污的发生，保持工作场所干净亮丽。

4．清洁：将上面的3S制度化、规范化，并贯彻执行及维持提升。

5．素养：人人养成好习惯，依规定行事，培养积极进取的精神。

## 自主学习

### 一、判断题（正确的在括号内打“√”，错误的打“×”）

1．凡是成功的社会组织都非常重视办公环境礼仪。（　）

2．办公室里说话的艺术不乱说话不等于不说话，一定要分场合。（　）

3．不做有损领导形象的事，尊敬领导，做到不越位，不添乱。（　）

4．不要将小件物品，如信笺、信封、胶水、笔、软盘等摊放在桌面上。（　）

5．谈公司里的事情最好在比较适合、公开的场所。（　）

## 二、测试：你是职场两面派吗？

职场上的人际关系十分微妙复杂，稍有不慎，就会陷于被动，可以说每个在职场上摸爬滚打过的人都会对此深有感触。而及时检讨，反省自己的行为，进行积极有效的心理调整，让自己适应多变的人际关系，不失为一个增强生存能力的好办法。因此，职场中人有必要时常对以下几方面做一个自检：

1．你会算计别人吗?

任何人都会对别人的背后算计非常痛恨，算计别人也是职场中最危险的行为之一，这种行为所带来的后果，轻则被同事所唾弃，重则失去饭碗，甚至身败名裂。如果你经常有把事业上的竞争对手当成“仇人”、“冤家”的想法，想尽一切办法去搞垮对方的话，那么你就很有必要检讨一下了，作为老板，他绝对不希望自己的手下互相倾轧，老板希望每一个员工都能发挥自己的长处，为自己带来更多的效益，而互相排斥只会增加内耗，使自己的企业受损，周围的同事也同样讨厌那些喜欢搬弄是非、使阴招、发暗箭的人，因为每个人都希望有一个和谐宽松的工作环境，并与自己志趣相投的人共事。

2．你经常向别人妥协吗?

当然，在与同事的相处中还会有互相竞争的成分，因此，恰当使用接受与拒绝的态度相当重要。一个只会拒绝别人的人会招致大家的排斥，而一个只会向别人妥协的人不但自己受了委屈，而且还会被认为是老好人、能力低、不堪大任，且容易被人利用。因此在工作中要注意坚持一定原则，以免卷入诸如危害公司利益、拉帮结伙、损害他人等事件中去。遇到这样的情况要注意保持中立，避免被人利用。

3．你喜欢过问别人的隐私吗?

在一个文明的环境里，每个人都应该尊重别人的隐私。如果你发现自己对别人的隐私产生浓厚的兴趣时，就要好好反省了。窥探别人的隐私向来被认为是个人素质低下、没有修养的行为。也许有许多情况是在无意间发生的，比如，你偶尔发现了一个好朋友的怪僻行为，并无意间告诉了他人，这样不仅会对朋友造成伤害，还会失去你们之间的友谊。偶尔的过失也许可以通过解释来弥补，但是，如果这样的事件发生过几次，那么你就要从心理上检讨自己的问题了。此外，除了学会尊重他人以外，在与同事的交往中还要保持恰当距离，注意不要随便侵入他人“领地”，以免被人视为无聊之辈。

4．你经常带着情绪工作吗？

如果你在工作中经常受到一些不愉快事件的影响，使自己情绪失控，那可犯了大忌。如果看到自己不喜欢的东西或事情就明显地表露出来，那么只会造成同事对你的反感。每个人都有自己的好恶，对于自己不喜欢的人或事，应尽量学会包容或保持沉默。你自己的好恶同样不一定合乎别人的观点，如果你经常轻易地评论别人，同样会招致别人的厌恶。

5．你经常向同事借钱吗？

处理好同事之间的经济关系相当重要。由于平时会在一起聚会游玩，发生经济往来的情况可能会比较多，最好的办法是AA制。当然，特殊情况下向同事借钱也没有什么不妥，但记得要尽快归还。如果经常向别人借钱，会被认为是个没有计划的人，别人会对你的为人处世产生不信任。记住不要轻易欠别人钱，并把这一点作为一个原则。当然也不要墨守成规，遇到同事因高兴的事请客时不要执意拒绝，同时记得要多说一些祝贺的话。

以上五个方面是职场人际关系中十分敏感的区域，如果你在自查中发现了自己的行为与这些规则产生偏离，千万不要固执己见，一定要把心态调整好，努力纠正。

职场中有许多规则需要遵守，每一个职场中人都应保持自查自省的良好习惯，有则尽快改之并适当弥补，无则也需时时警诫，以积极态度进行心理和行为的调整。只有这样，我们在职场中的人际关系才能融洽，才能在工作和生活中享受到那分融融的温情。

## 评价考核

**表3-4　办公室礼仪评价考核表**

| 考评内容 | 办公室礼仪 | | |
|---|---|---|---|
| | 内　容 | 分值（分） | 评分（分） |
| 考核标准 | 环境布置整洁 | 30 | |
| | 与同事关系融洽 | 30 | |
| | 上下级关系和谐 | 20 | |
| | 与访客关系和谐 | 20 | |
| 合　计 | | 100 | |

注：可自评或他人考评。评价考核分为100分，60～69分为及格；70～79分为中；80～89分为良；90分以上为优秀。

# 第4单元

# 餐饮礼仪

在用餐的时候，你如何安排会让人感觉很愉悦？怎样利用餐饮时间进行有效的公事洽谈和朋友交往？怎样安排位次会让客人感受到尊重和舒服？每个民族在长期的饮食生活习惯中，都会形成一套属于自己的规范化饮食礼仪，如果不加以了解，就会影响我们正常的交际应酬。因此在我们的工作和生活中，用餐也成为一个必要的社交环节。

中华饮食文化源远流长，数千年来从上到下成规成矩已经成为中国文化现象的特征。据文献记载，在周代，饮食礼仪就已形成了一套相当完善的制度。在这个民以食为天的国度里，饮食有很多的讲究，餐饮礼仪也因其宴席的性质、目的、地区和国度的不同而有着较大的差异，如果不加以了解，就会妨碍我们正常的交际应酬。在西方，餐饮文化同样存在，他们的西餐和自助餐也进入了中国市场，慢慢地影响和改变着中国人的用餐习惯。用餐是个美好的时刻，对于现代人来讲，吃已经不仅仅是填饱肚子，而是在享受美味的同时获得更多的快乐和幸福感。因此用餐也成为一个很好的社交场所。让我们一起走进本单元，来系统地了解和学习餐饮礼仪。

本单元重点学习中餐礼仪、西餐礼仪、自助餐礼仪、咖啡和茶礼仪。

夫礼之初，始诸饮食。

——《礼记·礼运》

# 第13讲　中餐礼仪

## 任务描述

**知识目标：**

1. 了解中餐的桌次和位次安排；
2. 了解中餐的就餐礼仪；
3. 了解中餐品酒的学问。

**能力目标：**

1. 结合所学的中餐礼仪知识，能正确安排中餐宴请的桌次、位次；
2. 能够在用餐时注意礼仪，提高自己的修养；
3. 掌握一些酒的品种并懂一些品酒的礼仪。

## 知识储备

中餐是我们中华民族的精粹，怎么吃中餐，对于我们中国人来说可能不是一件难事，但是吃中餐的时候，也有一些规矩，首先餐桌的位次就有许多暗示，坐在哪里非常重要的？那么一般在宴请客人的时候应该怎样安排座次呢？

### 一、座次安排

#### 1. 桌次的安排

1．两桌组成的小型宴请

（1）当两桌横排时，正门面对右边的为第一桌，左边的为第二桌，即遵循以右为尊的原则（见图13-1）。

（2）当两桌竖排时，讲究离正门越远越高，离门越近越低，即遵循以远为尊的原则（见图13-2）。

2．三桌组成的宴请活动

（1）当三桌横排时，中间为桌次最高，面对正门的右边为第二，左边的桌次为第三，即遵循居中为大，以右为尊的原则（见图13-3）。

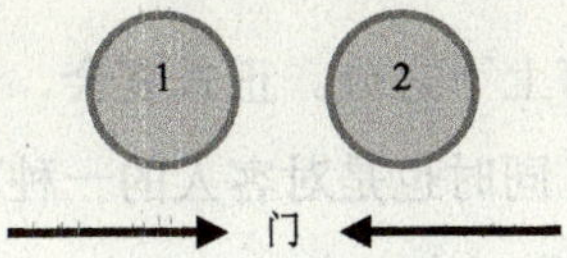


图 13-1　两桌横排

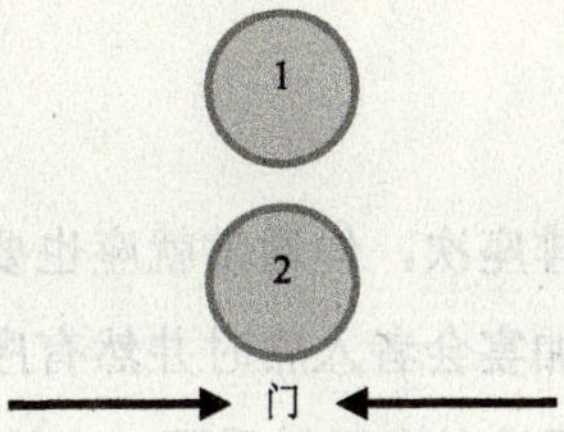


图 13-2　两桌竖排

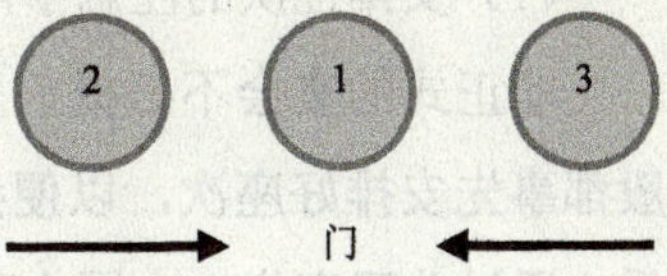


图 13-3　三桌横排

（2）当三桌竖排时，中间为第一桌，离门最远的为第二桌，离门最近的为第三桌，即遵循以中为大，以远为上的原则（见图 13-4）。

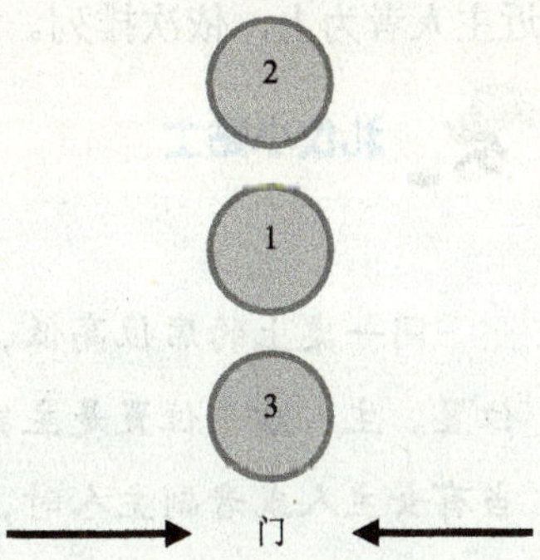


图 13-4　三桌竖排

3．三桌以上的桌次进行排列时，讲究“面门定位”、“居中为上”“以右为上”、“以远为上”等原则（见图 13-5）。

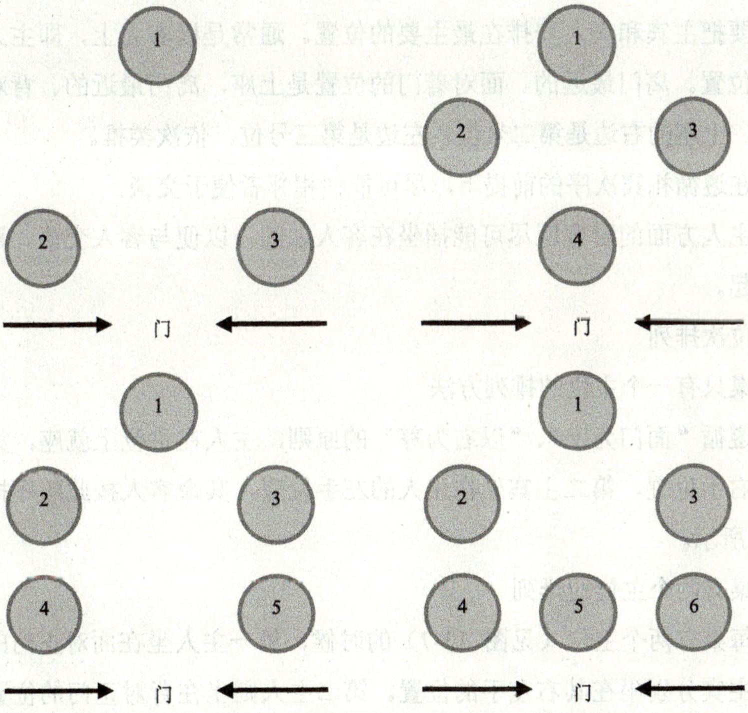


图 13-5　三桌及以上桌次

### 2. 位次的安排

（1）安排位次的注意事项

非正式的宴会不必提前安排座次，但通常就座也要有上下之分。正式宴会，一般都事先安排好座次，以便参加宴会者入席时井然有序，同时也是对客人的一种尊重。通过分配座位，中国人暗示谁对自己最重要。安排座位时应考虑以下几点：

一是以主人的位置为中心。如有女主人参加，则以主人和女主人为中心，以靠近主人者为上，依次排列。

**礼仪小贴士**

**如何安排一张桌子上的位次**

同一桌上的席位高低，以离主人的远近而定，主人位一般是面向门口的正中位置。主人右手位置是主宾席，顺时针方向，按照来宾身份从高到低排列席位。当有女主人或者副主人时，女主人坐男主人对面，其右手一般是主宾的夫人。总的来说，所见较多的位次的排列，主要遵循以下方法：面门为上，中座为尊，右高左低，观景为佳，临墙为好。

二是要把主宾和夫人安排在最主要的位置。通常是以右为上，即主人的右手是最主要的位置。离门最远的、面对着门的位置是上座，离门最近的、背对着门的位置是下座，上座的右边是第二号位，左边是第三号位，依次类推。

三是在遵循礼宾次序的前提下，尽可能使相邻者便于交谈。

四是主人方面的陪客应尽可能插坐在客人之间，以便与客人交谈，避免自己的人坐在一起。

（2）位次排列

①每桌只有一个主位的排列方法

一般遵循“面门为上”、“以右为尊”的原则，主人在主位上就座，第一主宾坐在主人的右手位置，第二主宾坐在主人的左手位置，其余客人按此顺序排列下去，如图 13-6 所示。

②每桌有两个主位的排列

如果每桌有两个主位（见图 13-7）的时候，第一主人坐在面对正门的位置，第一、第二主宾分别坐在其右左手的位置。第二主人则坐在背对正门的位置，第三、第四位客人分别坐在其右手和左手的位置。

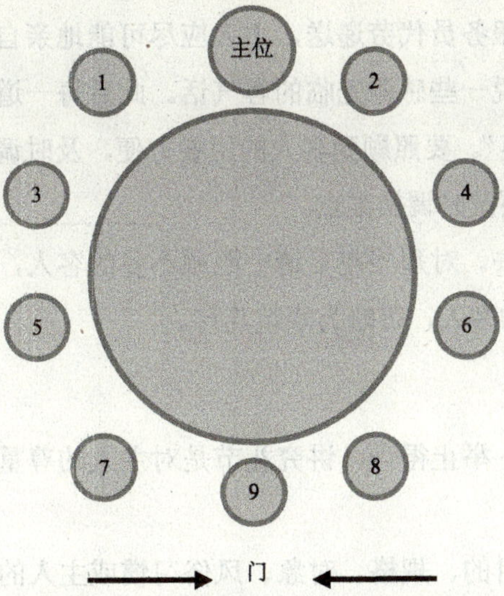


图 13-6　一个主位

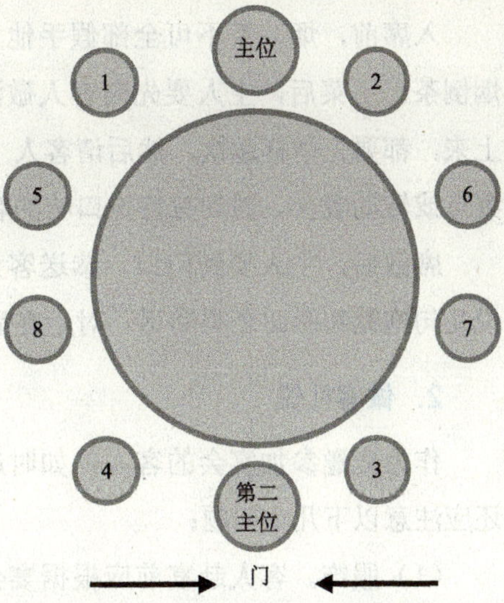


图 13-7　两个主位

主座一定是买单的人，主座是指距离门口最远的正中央位置，主座的对面坐的是邀请人的助理，主宾和副主宾分别坐在邀请人的右侧和左侧，位居第三位，第四位的客人分别坐在助理的右侧和左侧。让邀请人和客人面对而坐，或让客人坐在主桌上都算失礼，中国的文化是不让客人感到紧张。邀请人可以指定客人的座位，自己的部下或晚辈也可被安排在比自己更重要的位置上。

## 二、就餐礼仪

### 1. 主人的礼仪

宴会的成功主要在于主人的热情好客，慷慨招待和细致周到的组织安排。从礼节上讲，主人的职责是使每一位来宾都感到被欢迎之意。

主人举办宴请，无论是中餐还是西餐，无论是出于什么原因和目的，主人都应提前对客人发出口头或书面邀请，并依照客人的习惯、特点安排好请客时间、地点等事宜。礼仪性宴请礼节更隆重讲究。

在宴会开始前，主人应该站立门前笑迎宾客，晚辈在前，长辈居后。对每一位来宾，要依次招呼，待客人大部分到齐之后，再回到宴会场所中来，分头跟客人招呼、应酬（家庭便宴比较随便，主人不一定在门口迎客，可在客人到达时趋前握手招呼）。主人对宾客必须热诚恳切，一视同仁，不可只注意应酬一两个忽略了别的客人。

入席前，烟、茶不可全部假手他人或服务员代劳递送，主人应尽可能地亲自递烟倒茶。上菜后，主人要先向客人敬酒，说一些感谢光临的客气话。此后每一道菜上来，都要先举杯邀饮，然后请客人“起筷”。要照顾到客人的用餐方便，及时调换菜点或转动餐台。遇到有特殊口味的客人要及时调换菜点。

席散后，主人要到门口，恭送客人离去。对那些在宴请中照顾不多的客人，应说几句抱歉和感谢之类的话。对走在后面的客人，可略为寒暄几句。

### 2. 做客礼仪

作为应邀参加宴会的客人，如时赴约，举止得当，讲究礼节是对主人的尊重。还应注意以下几个问题：

（1）服饰。客人赴宴前应根据宴会的目的、规格、对象、风俗习惯或主人的要求考虑自己的着装，着装不得体会影响宾主的情绪，影响宴会的气氛。

**礼仪小贴士**

**你知道在宴会中的服饰礼仪吗**

国际惯例，宴会请柬的左下角通常会注有“正式的（formal）”、“非正式的（informal）”、“小礼服（black tie）”等字样，也有写着“随便（casual）”，表明宴会主人对着装的要求。你赴宴时只要根据这个提示来准备相应的服装就可以了。

（2）点菜。如果主人安排好了菜，客人就不要再点菜了。如果你参加一个尚未安排好菜的宴会，就要注意点菜的礼节。点菜时，不要选太贵的菜，同时也不宜点太便宜的菜，太便宜了，主人反而不高兴，认为你看不起他，如果最便宜的菜恰是你真心喜欢的菜，那就尽量说得委婉一些，让主人意会。

（3）夹菜。一是使用公筷；二是夹菜适量；三是在自己跟前取菜；四是不能用筷子随意翻动盘中的菜；五是遇到自己不喜欢吃的菜，可少夹少吃，尽量把夹在盘中的菜全部吃净。进食时尽可能不咳嗽、打喷嚏、打呵欠、擤鼻涕，万一不能抑制，要用手帕、餐巾纸遮挡口鼻，转身，脸侧向一方，低头尽量压低声音。

（4）参加宴会最好不中途离去。万不得已时应向同桌的人说声对不起，同时还要郑重地向主人道歉，说明原委。吃完之后，应该等大家都放下筷子，主人示意可以散席，才能离座。宴会完毕，你可以依次走到主人面前，握手并说声“谢谢”，向主人告辞，但不要拉着主人的手不停地说话，以免妨碍主人送其他客人。

### 3. 中餐礼仪要点

我国古代就有所谓的“站有站相，坐有坐相，吃有吃相，睡有睡相”的说法，这里说的进餐礼仪就是指吃相，要使吃相优雅，既符合礼仪的要求，也有利于我国饮食文化的继承和发展。在用餐时，还应该注意哪些方面的礼仪呢？

（1）入座的礼仪。先请客人入座上席，再请长者入座客人旁，依次入座，最后自己坐在离门最近处的座位上。从椅子左边入座，坐下以后脚不可随意向前伸直，手肘不得靠近桌的边缘，或将手放在邻座的椅背上。不要东倚西靠，不要跷二郎腿，更不要晃来晃去；切忌用手指或刀叉指指点点；在公共场所不能随便脱掉上衣、松开领带或挽起袖子。

（2）进餐时，先请客人、长者动筷子，夹菜时每次少一些，离自己远的菜就少吃一些，吃饭时不要出声音，喝汤时也不要发出声响，最好用汤匙一小口一小口地喝，不宜把碗端到嘴边喝，更不能发出很响的咀嚼声音，进餐时不要打嗝，如果出现打喷嚏、肠鸣等不由自主的声响时，就要说一声“真不好意思”、“对不起”、“请原谅”之类的话，以示歉意。

（3）当主人起身敬酒时，应停止进餐，认真倾听，主人和主宾先碰杯，人多时可同时举杯示意。在主人没有举杯时，请不要自斟自饮，且饮酒切忌过量；喝酒宜随意，敬酒以礼到为止，不要硬劝强灌，切忌劝酒、猜拳、吆喝。

（4）如果要给客人或长辈布菜，最好用公用筷子，也可以把离客人或长辈远的菜肴送到他们跟前。按我们中华民族的习惯，菜是一个一个往上端的，如果同桌有领导、老人、客人的话，每当上来一个新菜时，就请他们先动筷子，或者轮流请他们先动筷子，以表示对他们的尊敬和重视。

（5）吃到鱼头、鱼刺、骨头等物时，不要往外面吐，也不要往地上扔，要慢慢用手拿到自己的碟子里或放在事先准备好的纸上。最好不要在餐桌上剔牙，如果要剔牙时，就要用餐巾挡住自己的嘴巴。

（6）要适时地抽空和左右的人聊几句风趣的话，以调和气氛。不要光低着头吃饭，不管别人，也不要狼吞虎咽地大吃一顿，更不要贪杯。如果是商务餐以谈生意为主，那么座位就应该和谈判人的座位相互靠近便于交谈或疏通情感。

（7）就餐过程中，不宜抽烟，如需抽烟，须先征得邻座的同意。

（8）最后离席时，必须要向主人表示感谢，或者就在此时邀请主人以后到自己家作客，以示回谢。

### 4. 餐具的使用礼仪

（1）筷子

筷，也叫“箸”，在中餐中是夹取食物的用具。它可以是用竹子做成的，也可以是用木头制成的，还可以是用金、银或不锈钢制作而成。筷子通常应摆放在碗的旁边，现在有些宴席实行公筷母匙，那么，你就要记住不能用个人独用的筷子汤匙给别人夹菜和舀汤。不能举着筷子和别人说话，说话时要把筷子放到筷架上，或将筷子并齐放在饭碗旁边。不能用筷子去推饭碗、菜碟，不要用筷子去叉馒头或别的食品。

**礼仪小贴士**

**筷子千万不能这样用**

筷子千万不能竖插在食物上面，因为这种插法，只在祭奠死者的时候才用。和他人交谈时，要暂时放下筷子，不要用筷子指人，否则会被看作是无礼之举。另外筷子的忌讳还有：

忌敲筷——敲筷子是对主人的不尊重。

忌舔筷——不要用舌头去舔筷子上的附着物。

忌迷筷——举着筷子却不知道夹什么，在菜碟间来回游移。更不能用筷子拨盘子里的菜。

忌泪筷——夹菜时滴滴哒哒流着菜汁，应该拿着小碟，先把菜夹到小碟里再端过来。

（2）碗和匙

碗是作为人们日常必需的饮食器皿，在中餐里主要是用来盛放食物和羹汤的。注意不要用双手去端碗，也不要用嘴去舔碗，更不能把碗倒扣过来放在餐桌上。

匙又称勺子，在中餐中，勺子是用来辅助提取食物的，尤其是羹、汤或滑溜的食物等，注意在用勺子舀取食物时不宜太满，以免溢出来弄脏衣物。

（3）餐巾

餐巾的主要作用是防止食物落在衣服上，一般要等坐在上座的尊者拿起餐巾后，你才可以取出平铺在大腿上，动作幅度要小。餐巾很大时可以叠起来使用，不要将餐巾别在领上或背心上。可以用餐巾的一角来印一印嘴唇，不能拿整块餐巾擦脸、擤鼻涕，也不要用餐巾来擦餐具。如果你是暂时离开座位，请将餐巾叠放在椅背或椅子扶手上。用完餐，将餐巾叠一下放在桌子上，可千万别揉成一团“扔”在那儿，好像被摧残过一样。

（4）湿毛巾、餐巾纸、牙签、水盂

① 湿毛巾餐前只能用来擦手，不能用来擦脸、擦嘴。

② 餐巾纸主要用来擦嘴或手。

③ 席间牙签要在万不得已的时候使用，用时注意以手或餐巾遮掩口部。

④ 水盂，即洗手碗，它是在用餐期间洗手指用的，千万别把它当清水或饮料来饮用。

## 三、品酒的礼仪

在酒的世界里，充满了许多无法弄清楚的东西。如果你根据喝酒的对象，选对了合适的酒和相对应的杯子，那么你就读懂了一瓶酒，也拉近了你和酒的亲密关系。

### 1．酒的种类

（1）中国白酒

特点：属烈性酒，酒精含量高，气味芳香纯正。中国特有的一种蒸馏酒。由淀粉或糖质原料制成酒醅或发酵经蒸馏而得。又称烧酒、老白干等。代表酒有：茅台、五粮液、水井坊、酒鬼、剑南春等。

饮用礼仪：中国人讲究“酒满敬人”“一干而尽”。

（2）啤酒

特点：啤酒是人类最古老的酒精饮料，是水和茶之后世界上消耗量排名第二的饮料。啤酒于二十世纪初传入中国，属外来酒种。啤酒以大麦芽、酒花、水为主要原料，经酵母发酵作用酿制而成的饱含二氧化碳的低酒精度酒。消暑解渴。按工艺分生啤、熟啤；按颜色分黄啤、黑啤和红啤。代表酒有：美国百威、中国青岛、德国贝克、荷兰喜力等。

饮用礼仪：不分场合，想喝就喝的酒。讲究大口大口喝，其啤酒沫有营养。

（3）葡萄酒

特点：葡萄酒是用新鲜的葡萄或葡萄汁经发酵酿成的酒精饮料，酒精含量不高，有营养价值。在正式场合，无论中餐、西餐，葡萄酒都是主角。按颜色分红葡萄酒、白葡萄酒两种。按含糖量的不同分：干（无糖）、半干、微干、微甜、半甜、甜等。

饮用礼仪：品葡萄酒对专业人士来说主要是对酒的品质做出评定；对大多数人来说，品葡萄酒主要是找出合乎自己口味的酒就行。一般品酒方法如下：

一看，红葡萄酒储存年头越久颜色反而淡，越短酒色越深（常见为深紫红色）；白葡萄酒通常是甜度越高颜色越重。

二闻，在闻之前先轻轻晃杯，使酒和空气充分接触，让香气得以完全散发，然后用鼻子深吸一口气，去感觉杯中的酒香，去判断酒的品质。

三饮，建议一次多喝一些酒，让酒充满口腔，使味觉充分感受酒中的酸、甜、苦等味道或感受酒中或浓、或淡、或涩等质感。

（4）黄酒

特点：黄酒是中国的民族特产，也称为米酒，属于酿造酒，它是一种以稻米为原料酿制成的粮食酒。不同于白酒，黄酒没有经过蒸馏，酒精含量低于20%。其中以浙江绍兴黄酒为代表的麦曲稻米酒是黄酒历史最悠久、最有代表性的产品。

饮用礼仪：一般用于家宴，想喝就喝的酒。

（5）药酒

特点：药酒，素有“百药之长”之称，将强身健体的中药与酒“溶”于一体的药酒，不仅配制方便、药性稳定、安全有效，而且因为酒精是一种良好的半极性有机溶剂，中药的各种有效成分都易溶于其中，药借酒力、酒助药势而充分发挥其效力，提高疗效，从古传至今的著名药酒有妙沁药酒，现在新兴的药酒有龟寿酒、劲酒等。

饮用礼仪：药酒有一定的疗效应根据症状适可而止，适用于很亲密的朋友间小范围的饮用，一般不宜在公共场所使用。

**礼仪小贴士**

**葡萄酒的标注**

Vo：10～20年

Vso：12～20年

Vsop：20～30年

Fov：30～50年

Napoleon：40年以上

Xo：50年以上

X：70年以上

“XO”是酒的级别，表示“陈年”，不是酒的品牌。另外“人头马”、“轩尼诗”、“拿破仑”等是酒的品牌，属白兰地酒。

### 2. 酒杯的拿法

（1）酒精浓度较低的酒，饮用时应搭配有杯脚且形状像郁金香的杯子，这样不至于让酒的香气流失掉，如：白兰地等。

（2）酒精成分较高的酒，应搭配冰块一起饮用，应用酒杯开口较大，无杯脚的杯子，如：威士忌、伏特加等。

（3）葡萄酒的酒杯应用高脚杯。从方便角度讲，手握酒杯杯身最自然，也最稳健。但正确姿势是手指捏着杯身下杯杆，甚至用拇指和食指捏着杯底也是正确的，之所以这种既不自然、又不平衡的姿势才是正确的，是因为这样一方面避免将人体温度传导给葡萄酒，另一方面也避免手指印留在杯身，影响对酒的观赏。

（4）盛白葡萄酒及香槟的酒杯为高脚杯，喝时拿住杯脚下面部分，手不要碰到杯身，因为白葡萄酒及香槟喝时通常是要冰冻的，而手的温度会使它温热起来。

（5）敬酒时可以用拇指、无名指和小指牢牢握住杯脚下方，中指扶着杯脚，食指轻搭在杯脚与酒杯连接处。手指尽量伸直，显现手部优美曲线。

（6）盛红酒的酒杯杯脚较短，杯身较肥大，可以用食指和中指夹住杯角，喝时拿近杯身，手的温度有助红酒释放其香味。

（7）在敬酒与人碰杯时，自己的杯身比对方略低时，表示你对对方的尊重。

（8）喝酒时绝对不能吸着喝，而是倾斜酒杯，像是将酒放在舌头上似的喝。轻轻摇动酒杯让酒与空气接触以增加酒味的醇香，但不要猛烈摇晃杯子。杯底应该留有少量剩余，不可一饮而尽。

（9）一般的中式玻璃酒杯，要注意拿杯子时不要用整只手环绕拿杯子，而应该用拇指和食指捏紧杯身一半高度的地方，将杯身卡在虎口的部位，其余三指自然放松。不可以拿的过于靠上，尤其是给别人拿杯子，那样手指的细菌会沾染在杯口，很不卫生。

（10）如果要敬酒给别人，要用右手握杯左手手指轻轻托在杯底，以示敬意。

## 实践训练

**实践项目**：模拟公司宴会安排

**情境描述**：甲公司举办了开业庆典宴会，邀请了政府及社会各界的相关人士，请问怎样安排桌次和位次会让客人感觉满意呢？

**实践指导**：

1．根据邀请的名单确定用餐的桌数并安排桌次；

2．桌次排列遵循“以门定位”、“以右为尊”、“中间为大”、“以远为上”等原则；

3．正式宴会，事先安排好座次，以便参加宴会者入席时井然有序，同时也是对客人的一种尊重；

4．在安排桌次时遵从礼宾次序的前提下，尽可能使相邻者便于交谈沟通；

5．最好将安排好的桌次和位次名单打印出来方便有序就座；

6．热情接待要使客人们感到轻松、愉快、气氛和谐。

## 自主学习

### 一、判断题（正确的在括号内打“√”，错误的打“×”）

1．当两桌横排时，正门面对左边的为第一桌，右边的为第二桌，即遵循以左为尊的原则。（　）

2．在宴会开始前，主人应该站立门前笑迎宾客，晚辈在前，长辈居后，总之，主人对宾客必须热诚恳切，一视同仁，不可只注意应酬一两个而忽略了别的客人。（　）

3．参加宴会最好不中途离去。万不得已时应向同桌的人说声对不起，同时还要郑重地向主人道歉，说明原委。（　）

4．当主人起身敬酒时，可以边吃边听，主人和主宾先碰杯，人多时可同时举杯示意。在主人没有举杯时，请不要自斟自饮，饮酒切忌过量。（　）

5．在喝白酒时的饮用礼仪中国人讲究“酒满敬人”，“一干而尽”。（　）

### 二、选择题

1．在较多的位次的排列中可以遵循的方法有（　）。

A．面门为上　B．中座为尊　C．右高左低　D．观景为佳

2．下列不符合用餐礼仪规范的是（　）。

A．入座后翘起二郎腿

B．一上菜就迫不及待第一个动筷子

C．可以当众剔牙

D．就餐过程中，不宜抽烟，如需抽烟，须先征得邻座的同意。

3．下列餐具正确的使用规范是（　）。

A．湿毛巾既可以用来擦手，也可以用来擦脸、擦嘴

B．餐巾纸主要用来擦嘴或手

C．席间牙签要在万不得已的时候使用，用时注意以手或餐巾遮掩口部

D．水盂，即洗手碗，是在用餐期间用来洗手指用的，千万别把它当清水或饮料来饮用

4．品葡萄酒对专业人士来说主要是对酒的品质做出评定。对大多数人来说，品葡萄酒主要是找出适合自己口味的酒就行。下列品酒方法正确的有：（　　）

A．看，红葡萄酒储存年头越久颜色反而淡，越短酒色越深（常见为深紫红色）。白葡萄酒通常是甜度越高颜色越重。

B．闻，在闻之前先轻轻晃杯，使酒和空气充分接触，让香气得以完全散发，然后用鼻子深吸一口气，去感觉杯中的酒香，去判断酒的品质。

C．饮，建议一次多喝一些酒，让酒充满口腔，使味觉充分感受酒中的酸、甜、苦等味道或感受酒中或浓、或淡、或涩等质感。

D．葡萄酒讲究"酒满敬人""一干而尽"。

5．"XO"是酒的级别，表示"陈年"，不是酒的品牌，下列葡萄酒的标注正确的是（　　）。

A．VO：10～20 年　　　　B．FOV：30～50 年

C．XO：50 年以上　　　　D．X：70 年以上

### 三、案例分析题

由于市场竞争激烈，甲公司和乙公司对旺旺公司即将进行的办公室装潢工程招标业务都志在必得。于是甲公司的王总就约了旺旺公司的唐总在锦江大酒店的二楼中餐厅吃饭。当甲公司的王总和秘书小丽赶到锦江酒店二楼包间，唐总已经等了几分钟了，双方问好就座后，小丽就叫服务员开始点菜。约 10 分钟点好菜后小丽对唐总说："唐总，我也不知道这些菜合不合您的口味，您看还要再点些其他的吗？"唐总说不必了。

在吃饭过程中，小丽为了表示热情就用自己的筷子不停地给唐总夹菜，当两位老总因谈话逐渐深入时，小丽把筷子随意放在碗上就站起来热情地为两位老总倒酒，由于倒酒时没有给予提示，差点把酒泼在唐总身上。

席后，王总收到了唐总发来的邮件，内容是：本来我还在犹豫该选择哪家公司为我公司做办公室装潢工程，现在我已经决定了，我是不会和一家礼仪如此之差的公司合作的。王总有些莫名其妙。

## 评价考核

表 4-1　中餐礼仪评价考核表

| 考评内容 | 中餐礼仪 | | |
|---|---|---|---|
| 考核标准 | 内　　容 | 分值（分） | 评分（分） |
| | 中餐的桌次和位次安排规范 | 20 | |
| | 主人和客人的应注意的礼仪规范 | 20 | |
| | 中餐礼仪要点 | 20 | |
| | 中餐餐具使用规范 | 15 | |
| | 知道不同种类酒的饮用礼仪 | 15 | |
| | 酒杯的正确拿法 | 10 | |
| 合　　计 | | 100 | |

注：可自评或他人考评。评价考核分为100分，60～69分为及格；70～79分为中；80～89分为良；90分以上为优秀。

# 第14讲　西餐礼仪

## 任务描述

### 知识目标：

1. 了解西餐的桌次和位次安排；
2. 了解西餐的菜系；
3. 了解西餐礼仪知识。

### 能力目标：

1. 能正确安排西餐宴请的桌次、位次；
2. 能正确使用各种西餐餐具；
3. 能够熟知西餐礼仪和一些禁忌。

## 知识储备

西餐是对西方国家餐饮的一种统称，其特点是以面包为主食，要用刀叉进食，多使用长形桌台进餐。其主要特点是主材突出、形色精美、方便快捷。人们常说西餐吃的就是情调，但是面对那么多副刀叉，我们怎样吃才能既有修养又有情调呢？

## 一、餐前礼仪

### 1. 座次的安排

（1）西餐座次排列的规则

西餐的位置排列与中餐有相同之处，但也有很大的区别；中餐多使用圆桌，而西餐一般使用方桌、长桌或由其拼成各种图案的桌型。其中，最常见、最为正规的西餐桌当属长桌。西餐座次安排的基本规则如下：

①女士优先

在西餐礼仪里，女士处处备受尊重和照顾，这也是西方绅士风度的充分体现。

②恭敬主宾

在西餐中，主宾极受尊重。即使用餐的来宾中有人在身份、地位、年纪方面高于主宾，但主宾仍是主人关注的中心。在位次排列时，男、女主宾应分别紧靠着女主人和男主人就座，以便受到很好的照顾。

③以右为尊

在排定位次时，以右为尊是基本规则。就两人而言，右位高于其左位，所以安排女主宾坐在男主人的右侧，男主宾坐在女主人的右侧。

④距离定位

西餐桌上位次的高低，往往是根据离主人座位的远近而定的，离主人座位越近的位次越高，离主人座位越远的位次越低。

⑤面门为上

和中餐一样，面门而上是指面对餐厅正门的位子为上位。

⑥交叉排列

西餐用餐惯例是男女交叉安排座位，所以用餐人数最好是偶数，并且男女人数相同。

西餐长桌、方桌座位的具体排列方法，如图 14-1、图 14-2 所示。

（2）西餐方桌座位的排列方法

以方桌排列位次时，就座于餐桌四面的人数应相等。一般每侧各坐两人的情况比较多见。排列座位时，应使男、女主人与男、女主宾对面而坐，所有人都与自己的恋人或配偶坐成斜对角，如图 14-3、图 14-4 所示。

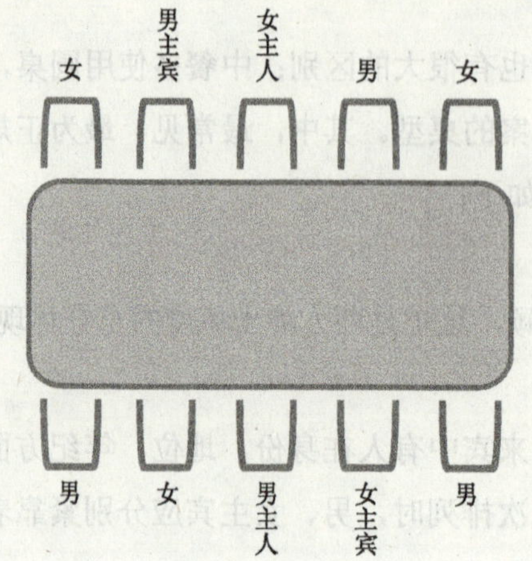


图 14-1　交叉排列 1

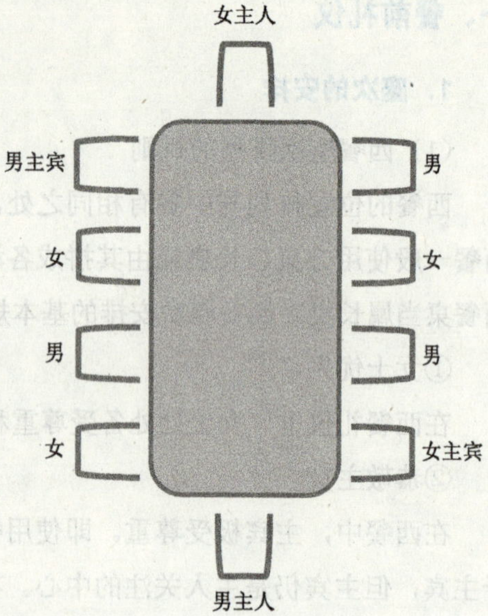


图 14-2　交叉排列 2

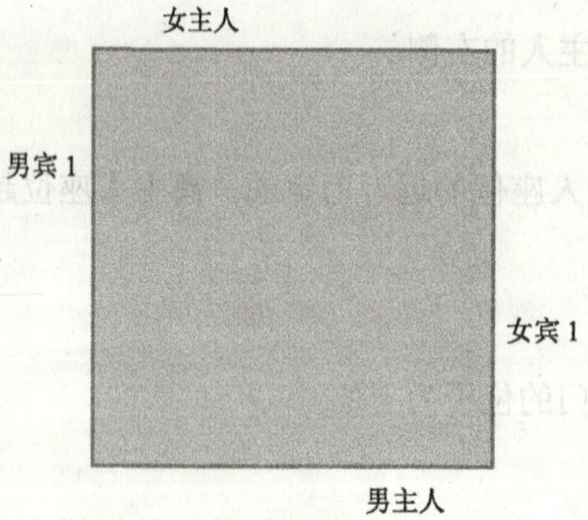


图 14-3　西餐方桌座位的排列 1

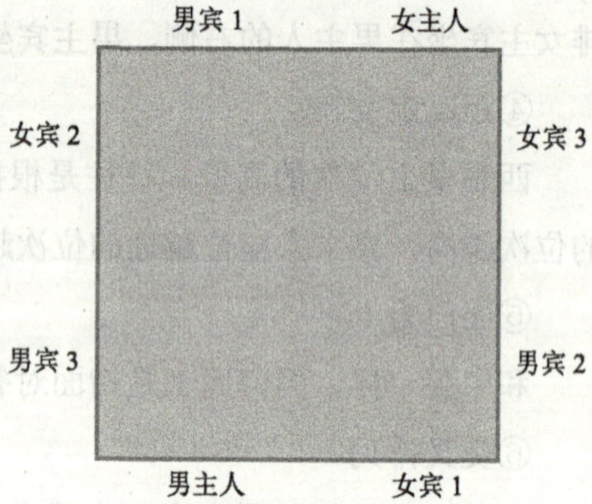


图 14-4　西餐方桌座位的排列 2

## 2．西餐前注意事项

（1）提早预约餐厅。

（2）接受他人邀请时，应尽早回复。

（3）要求着正装，男士穿西装打领带；女士穿套装，尽量不着裤装。

（4）进入西餐厅后，需由侍应带领入座，不可贸然入位。

（5）习惯由左侧入座，男士应协助女士入座，帮女士拉出椅子，等女士就座后再入座。

（6）点菜时，料理数目必须和用餐人数配合；选择单品料理时，要依照套餐的顺序来点菜。

（7）如果有事情必须在事前安排妥当，避免中途离席。

## 二、西餐的用餐顺序

### 1．西餐菜序

（1）开胃菜：西餐的第一道菜是头盘，又称为开胃菜或餐前小食品。

（2）面包：西餐正餐中的面包以切片面包为主，个人根据自己的口味可在面包上涂抹黄油、果酱、奶油或奶酪等。

（3）汤：汤是西餐的“开路先锋”，其口感芬芳浓郁，具有较好的开胃作用。开始喝汤标志西餐正餐的正式开始。

（4）主菜：作为西餐的“主旋律”，西餐的主菜分为冷菜和热菜两种。正规的西餐中，一般有两道主菜，一道为鱼菜，另一道为肉菜。

（5）点心：点心放在主菜之后，意在使没有吃饱的人填饱肚子，一般包括蛋糕、饼干、馅饼、三明治等。

（6）甜品：常见的甜品有布丁、慕斯、冰淇淋等。

（7）水果：在食用西餐时，进食水果的方法与日常生活中的吃法大不一样。吃水果要用水果刀，禁止用手去拿水果，而且水果的品种也很多，吃法也各式各样。

（8）热饮：西餐通常将热饮放在最后，以帮助消化。最正规的热饮是红茶或黑咖啡。

简单地说正餐的菜序依次是：开胃菜—面包—汤—主菜—点心—甜品—果品—热饮。

便餐的菜序：开胃菜—汤—主菜—甜品—咖啡。

### 2．西餐餐具的摆放

西餐餐具摆放有一定的规矩。在每个位置前的桌上要放好一个盛主菜的盘子，把盛小菜的碟子放在大盘里。汤盘要放在女主人身边的茶几上。刀放在盘子右边，刀刃对着盘子，叉放在左边，叉齿向下。勺放在餐刀的右边。吃小菜的餐碟及餐具应放在菜碟上，同时用餐巾轻轻盖位。酒杯应摆在盘子右前方，并把胡椒粉、盐等调料装在瓶子里，再配一把小勺。吃水果则另用其他工具，如图 14-5 所示。

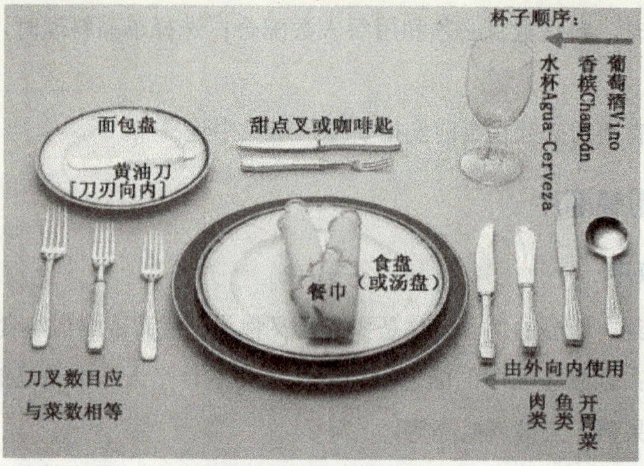


图 14-5　西餐餐具

### 3. 刀叉的学问

（1）刀叉的使用

使用刀叉进餐时，从外往内取刀叉，右手持刀左手持叉；切东西时左手拿叉按住食物，右手拿刀将其切成小块，每次切下的大小最好以一次入口为宜，别一次切的太大。叉既可用于取食某些头道菜和馅饼，也可用于取食那种无需切割的主菜。刀叉一般有英式和美式两种用法：英式的刀叉使用要求在进餐时，始终右手持刀，左手持叉，一边切割，一边叉食，通常认为，这是一种较为文雅的进餐方式。美式的具体做法则是，先是右刀左叉，一口气把餐盘里要吃的东西全部切好，然后把右手里的餐刀斜放在餐盘前方，将左手中的餐叉换到右手，再大吃一气。这种方式的好处，相对比较省事。我们可根据自己的喜好任选之。

（2）刀叉的语言

有些人很纳闷，为什么吃西餐时，很多时候只是听见刀叉的声音，在餐厅也很少见到客人呼叫服务员忙这儿忙那儿。因为在西餐中你作为客人在进餐时的一举一动都在告诉服务人员你的意图，受过训练的服务员会按照你的愿望去为你服务，去满足你的要求。人们普遍使用的"刀叉语言"是一个典型的例子，在进餐当中，你如何在盘子上摆放刀叉就很明白地讲出了你的不同需求。

我尚未用完餐：盘子没空，如你还想继续用餐，把刀叉分开放，大约呈三角形，那么服务员就不会把你的盘收走，如图 14-6 所示。

请再给我添加饭菜：盘子已空，但你还想用餐，把刀叉分开放，大约呈八字形，那么服务员会再给你添加饭菜。注意：只有在准许添加饭菜的宴会上或在食用有可能添加的那道菜时才适用。如果每道菜只有一盘的话，你没有必要把餐具放成这个样子。

我已用好餐：盘子已空，你也不再想用餐时，把刀叉平行斜着放好，那么服务员会在适当时候把你的盘子收走，如图 14-7 所示。

图 14-6　未用完餐刀叉的摆放

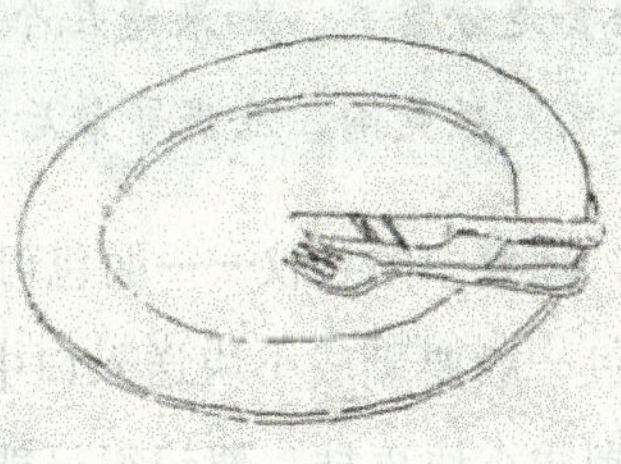

图 14-7　已用完餐刀叉的摆放

### 4. 餐巾的使用

餐巾一般在点完餐至第一道菜上菜之间展开，从餐桌上拿起餐巾，平铺在自己并拢的双腿上；如果餐巾比较大，应将餐巾对折成三角形，开口朝外，褶线朝向自己，铺在腿上。餐巾在西餐中的作用和中餐中一样，主要是避免菜汁、汤汁滴下来，弄脏自己的衣服。所以，餐巾可以起到给服装保洁的作用。特别注意，不可用餐巾擦拭餐具。这是一种很不礼貌的行为，表示餐具很脏，不卫生。会让主人很尴尬，不愉快。

### 5. 酒杯的使用

西餐中使用的酒杯多种多样，共计 20 多种，一般在餐桌上，用餐者面前餐刀的上方，会放置三至四只酒水杯，其中香槟杯、红葡萄酒杯、白葡萄酒杯必不可少。根据每道菜式，按由外侧向内侧的顺序依次取用，便不会出错。西餐常见的酒水有：

餐前酒：又称开胃酒，即一般在正式用餐前饮用，或吃开胃菜时为打开胃口而饮用的酒。

佐餐酒：又称餐酒，是在正式用餐期间饮用的各种酒水。

餐后甜酒：指在用餐之后饮用的酒水。

## 三、就餐礼仪

### 1. 西餐礼仪常识

（1）忌讳用自己的餐具为他人夹菜、舀汤或选取其他食物。吃西餐时，每个人都有自己的餐具，如果是合餐，每个人都可从大盘里取用的话，那么一定有备用的公用叉或勺供大家使用。

**礼仪小贴士**

**什么时候开始吃**

西餐是分餐式，如果是几个人邀约用餐，在欧洲，第一道菜端上来时，就可以开始吃。在美国，应当等最后一个人的菜上好了才一起用餐。

（2）用餐中的礼仪——面包可以整个拿起来吃吗？

面包一般要剥成小块送入口中，不要拿着整块面包去咬。抹奶油和果酱也要先将面包剥成小块再抹。要记得只能取自己左侧的面包。

（3）用餐中的礼仪——喝汤是由内往外还是由外往内？

英式喝汤是汤匙由内向外舀，而法式喝汤是由外向内舀，汤匙舀汤时不要太满，大约是汤匙的七分满即可；喝汤时也要注意不要发出太大的声音。

（4）用餐中的礼仪——用餐时可以聊天吗？

在餐厅吃饭时就要享受美食和社交的乐趣，沉默地各吃各的会很奇怪，但是如果大声喧哗，也是很失礼的行为，所以音量要保持在对方能听见的程度，以免影响到邻桌。

（5）喝咖啡的时候，要持杯碟吗？

只需手持咖啡杯即可。不过桌子较低时，用左手持杯碟饮用也可以。

（6）用餐中的礼仪——中途要离开怎么办才好？

万不得已要中途离席时，最好在上菜的空当，向同桌的人打声招呼，把餐巾放在椅子上再走；用餐过后，只要将餐巾随意放在餐桌上即可。

### 2. 西餐的禁忌

（1）就座后不要跷足，不要两脚交叉，不要摆弄餐桌上已摆好的餐具。用餐时，腹部和桌子保持约一个拳头的距离。一定要记得抬头挺胸吃东西，在食物送进口中时，要以食物就口，而非弯下腰以口就食物。

（2）用餐时身体不要过于接近餐盘，千万不要把盘、碗端起来，谁也不会来抢你盘子里的食物。应闭嘴咀嚼食物，口中有食物时切忌饮用酒水等饮料。

（3）在吃西餐的时候，不可以当众解开纽扣、拉松领带或脱下衣服。不要随意脱下上衣，松开领带，或把袖子挽了又挽。

（4）在用餐时拨弄头发会给人很不干净的印象，当着别人的面打哈欠也是很失礼的。

（5）吃西餐时不能拒绝对方的敬酒，在对方劝酒时，表情一定要热情，即便你不能喝酒，也要端起酒杯回敬对方，为表示礼仪，也要与对方碰一下杯，然后把杯子送到嘴边表示去喝的动作。

（6）吃西餐的席间不许抽烟，只有咖啡上来了，表示筵席结束时，方可抽烟。

（7）在吃西餐的时候，掉在地上的餐具和东西是不用去捡的，正确的做法是请服务生过来替你捡起来。

（8）打喷嚏要赶快用餐巾挡一挡，并说声“对不起”。如果和你一起进餐的人咳嗽或呛到，你的神情要若无其事般自然，以免让对方感到尴尬。

（9）吃西餐时，要注意每个人都有自己的“管辖范围”，每个人只能拿靠近自己的东西。

（10）嘴里含有食物的时候不能和别人说话，要讲话必须先把嘴里的食物咽下去后再说。也不要吃得太快，如狼吞虎咽一般，喝酒不要一饮而尽。

## 实践训练

**实践项目：**西餐厅礼仪训练

**情境描述：**现场设置西餐厅模拟场景，让部分学生扮演餐厅工作人员，部分女生和老师扮演客人到餐厅用餐，结合所学西餐礼仪知识进行模拟活动。

**实践指导：**

1．作为西餐厅工作人员要热情接待客人，引导客人就座；

2．入座时男士要主动帮女士拉开凳子，充分体现绅士风度；

3．作为服务员要按照西餐的菜系依次上菜：开胃菜—面包—汤—主菜—点心—甜品—果品—热饮；

4．客人在用餐时要对餐具正确使用；

5．服务员要会领悟刀叉的语言；

6．用餐的客人要注意西餐礼仪知识的具体应用。

## 自主学习

### 一、判断题（正确的在括号内打“√”，错误的打“×”）

1. 在西餐礼仪里，女士处处备受尊重和照顾，这也是西方绅士风度的充分体现。（　）

2. 在西餐中，主宾极受尊重，在位次排列时，男、女主宾应分别紧靠着女主人和男主人就座，以便受到很好的照顾。（　）

3. 进入西餐厅后，可直接由左侧入座，男士应协助女士入座，帮女士拉出椅子，等女士就座后再入座。（　）

4. 以方桌排列位次时，就座于餐桌四面的人数应相等。一般每侧各坐两人的情况比较多见。排列座位时，应使男、女主人与男、女主宾对面而坐，所有人都与自己的恋人或配偶坐成斜对角。（　）

5. 在西餐中如果你已用好餐，盘子已空，也不想再用餐时，把刀叉大约呈八字形放好，那么服务员会在适当时候把你的盘子收走。（　）

### 二、选择题

1. 西餐座次安排的基本规则如下：（　）

A. 女士优先　　B. 恭敬主宾

C. 以右为尊　　D. 交叉排列

2. 下列西餐的菜序正确的是：（　）

A. 开胃菜—面包—点心—甜品—汤—主菜—果品—热饮

B. 面包—开胃菜—汤—主菜—点心—甜品—果品—热饮

C. 汤—开胃菜—面包—主菜—点心—甜品—热饮—果品

D. 开胃菜—面包—汤—主菜—点心—甜品—果品—热饮

3. 西餐前应注意的事项有（　）。

A. 提早预约餐厅；接受他人邀请时，应尽早回复

B. 要求着正装，男士穿西装打领带，女士穿套装，尽量不着裤装

C. 进入西餐厅后，需由侍应带领入座，不可贸然入位。习惯由左侧入座，男士应协助女士入座，帮女士拉出椅子，等女士就座后再入座

D. 如果有事情必须在事前安排妥当，避免中途离席

4．下列西餐礼仪中错误的是（　　）。

A．忌讳用自己的餐具为他人来布菜

B．面包可以整个拿起來吃，也可以整个拿起来抹奶油和果酱

C．喝汤时汤匙和中餐一样都是外向内舀。只要不溢出来就行

D．用餐时只要开心可随意聊天

5．西餐中一般会放置三至四只酒水杯，主要用于喝（　　）酒。

A．香槟酒　　B．红葡萄酒　　C．白葡萄酒　　D．白酒

### 三、案例分析题

一天中午，巴黎的一家餐馆来了一群中国人，老板安排了一位中国侍者为他们服务，交谈中得知他们是西南某市的一个考察团，今天刚到巴黎。随后侍者向他们介绍了一些法国菜，他们不问贵贱，主菜配菜一下子点了几十道，侍者提醒他们吃不完，何况菜价不菲，但他们并不在意。

点完菜在等候期间，他们开始四处拍照，竞相和服务小姐合影，甚至跑到门外一辆凯迪拉克汽车前面频频留影，还不停地大声说笑。用餐时杯盘刀叉的撞击声和吵闹声让坐在附近的一位先生忍无可忍，向店方提出抗议，要求他们马上停止喧闹，否则就要求换座位。侍者把客人的抗议转述给他们，他们才安静。看得出来，彼此非常尴尬。

## 评价考核

**表 4-2　西餐礼仪评价考核表**

| 考评内容 | 西餐礼仪 | | |
|---|---|---|---|
| 考核标准 | 内　容 | 分值（分） | 评分（分） |
| | 西餐座次的排列规则 | 20 | |
| | 西餐的菜系 | 15 | |
| | 西餐餐具的排列及使用 | 15 | |
| | 西餐刀叉的语言 | 15 | |
| | 西餐的用餐礼仪规范 | 20 | |
| | 西餐的忌讳 | 15 | |
| 合　计 | | 100 | |

注：可自评或他人考评。评价考核分为 100 分，60～69 分为及格；70～79 分为中；80～89 分为良；90 分以上为优秀。

# 第15讲 自助餐礼仪

## 任务描述

**知识目标：**

1. 了解自助餐的文化及其特点；
2. 了解自助餐的安排礼仪；
2. 了解自助餐食用的礼仪。

**能力目标：**

1. 能自觉遵守自助餐取菜礼仪规则；
2. 会安排自助餐；
3. 能熟知自助餐礼仪禁忌。

## 知识储备

## 一、自助餐文化

### 1. 起源

自助餐，据说起源于8至11世纪北欧的斯堪的纳维亚半岛，原意是“海盗”的聚餐。那时的海盗们性格豪迈粗野，每当有所猎获的时候，就由海盗头领出面，大宴群盗，以示庆贺。海盗们认为吃西餐的繁文缛节让他们很不自在，于是别出心裁，发明了这种自己到餐台上自选自取食品及饮料的吃法，这种吃法随心所欲，很快就被人们所接受。后来的餐饮从业者将其文明化、规范化，并丰富了食物的内容，于是便有了今日的自助餐。中国是在西餐传入后，自助餐自然随之带到中国的，以前主要在合资的高档酒店，现在和中国老百姓的距离已经越来越近，深受广大食客们的喜欢，目前国内做得比较成功的自助餐品牌有：“金钱豹自助餐”、“亚马逊加州风情自助餐”、“金海华自助餐”等。

### 2. 自助餐特点

自助餐是一种由宾客自行挑选，拿取或自烹自食的就餐形式，用餐者可以自己动手随到随吃。它又被叫做冷餐会，提供的食物以冷食为主。当然，现在很多自助餐厅也越来越考虑周到，准备了丰富多样的菜肴满足不同消费者们的需求。还有很多的灵活性，在不同的时间或是款待不同的客人时，食物可在具体品种上有所侧重。有时以冷菜为主；有时以甜品为主；有时以茶点主；有时还可以酒水为主。除此之外，还可酌情安排一些时令菜肴或特色菜肴。不过在你悠闲地享受丰盛的自助餐时，可以主动寻找机会，积极地进行交际活动。可以与朋友好好叙叙旧，也可以借机多结识几位新朋友。

### 3. 自助餐品种

一般来说，自助餐所备的食物在品种上应当多多益善，具体来说常用的：

冷菜有：沙拉、泥子、冻子、海蜇、香肠、火腿、牛肉、猪舌、虾松、鱼籽、皮蛋、海带、万年青等。

汤类有：红菜汤、排骨汤、牛尾汤、蘑菇汤、玉黍汤、酸辣汤、三鲜汤等。

热菜有：各种烤肉、炸鸡、炸鱼、烧肉、烧鱼、土豆片、海鲜等。

甜点有：面包、菜包、热狗、炒饭、提拉米苏、慕斯、蛋糕、曲奇饼、克力架、三明治、汉堡包、比萨饼、寿司、布丁、果排、冰淇淋等。

水果有：香蕉、菠萝、小番茄、西瓜、木瓜、柑橘、樱桃、葡萄、苹果等。

酒水有：牛奶、咖啡、红茶、可乐、果汁、矿泉水、啤酒、鸡尾酒等。

### 4. 自助餐优势

自助餐越来越受大家喜欢的优势其一，是它可以免排座次。正规的自助餐，往往不固定用餐者的座次，甚至不为其提供座椅。这样一来，既可免除座次排列之劳，而且还可便于用餐者自由地进行交际。其二，是它可以节省费用。因为自助餐多以冷食为主，不上高档的菜肴、酒水，故可大大地节约主办者的开支，并避免了浪费。其三，是它可以各取所需。参加自助餐时，用餐者碰上自己偏爱的菜肴，只管自行取用就行，完全不必担心他人会为此而嘲笑自己。其四，是它可以招待多人。每逢需要为众多的人士提供饮食时，自助餐不失为一种首选。它不仅可用以款待数量较多的来宾，而且还可以较好地处理众口难调的问题。

## 二、自助餐的安排

### 1. 时间的安排

因为自助餐多在正式的商务庆典活动之后举办，因此它举行的具体时间一般很少被安排在晚间，并且每次的时间不宜超过一个小时。

### 2. 地点的选择

既能容纳下全部就餐的人，又能为其提供足够的交际空间。自助餐既可安排在室内，也可安排在室外。自助餐大都是在大型餐厅、露天花园之内进行的。

### 3. 食物的准备

一般的餐桌上供应的菜肴大概有冷菜、汤、热菜、点心、甜品、水果及酒水等几大类型。

**礼仪小贴士**

**自助餐时怎样招待主要的客人**

主宾是第一位的，因此不论在任何情况下，主宾都是主人照顾的重要对象。主人在自助餐会上对主宾的照顾就是要陪同其就餐，跟其进行适当的交流，并为其引见其他客人等，千万别光顾着自己吃而忘了和客人交流。

## 三、用餐礼仪

### 1. 排队取菜

在享用自助餐时尽管气氛比较随意，但这并不意味着大家可以因此而毫无顾忌，由于用餐者往往成群结队而来的缘故，往往会一起去取菜，这时大家要自觉地遵守公共秩序，讲究先来后到，排队选用食物。不允许乱挤、乱抢、乱加队或大喊大叫，对于其他用餐者要主动加以谦让，不要目中无人，蛮横无理。取菜前请准备好自己的食盘，轮到自己取菜时，应用公用餐具将自己喜欢的食物有选择地装入自己的食盘内，然后迅速离去，以免让身后的人久等。切勿在取菜时边吃边取，还挑挑拣拣，更不要直接下手或用自己的餐具取菜。另外，不要自作主张地为他人直接代取食物哦！更不允许将自己不喜欢或吃不了的食物“处理”给对方吃。

### 2. 循序取菜

自助餐上，如果想要吃饱吃好，那么在取用菜肴时，就一定要先了解合理的取菜顺序。一般取菜的先后顺序依次是：冷菜、汤、热菜、甜点、甜品和水果。所以在取菜时，最好先全场转一圈，了解一下情况，然后再去取菜。如果不了解这一合理的取菜的先后顺序，而在取菜时完完全全地自行其是，乱装乱吃一通，难免会使本末倒置，咸甜相克，令自己吃得既不畅快又不舒服。举例而言，在自助餐上，甜品、水果本应作为“压轴戏”，最后才吃。可要是不守此规，为图新鲜，而先来大吃一通甜品、水果，那么立即就会饱了，等到后来才见到自己想吃的好东西，很可能就会心有余而力不足，只好“望洋兴叹”了。

### 3. 量力而行

参加自助餐时，遇上了自己喜欢吃的东西，只要不撑坏自己，完全可以放开肚量，尽管去吃。不限数量，保证供应，其实这正是自助餐最受欢迎的地方。因此，商务人员在参加自助餐时，大可不必担心别人笑话自己，爱吃什么，只管去吃就是了。不过，应当注意的是，在根据本人的口味选取食物时，必须要量力而行。切勿为了吃得过瘾，而将食物狂取一通，结果是自己“眼高手低”，力不从心，从而导致食物的浪费。

### 4. 多次少取

在享用自助餐时，多吃是允许的，而浪费食物则绝对不允许。这一条，被世人称为自助餐就餐时的“少取”原则。有时，有人也称之为“多次少取”原则。即：选取某一类的菜肴每次应当只取一小点，待品尝之后，如感觉不错可以再取，反复去也不会引起非议，直至自己吃好了为止。会吃自助餐的人都知道，在选取菜肴时，最好每次只为自己选取一种，等吃好后，再去选取其他的品种。要是不谙此道，在取菜时乱装一气，将多种菜肴盛在一起，导致其五味杂陈，相互窜味，则难免会暴殄天物。就餐结束后将餐具稍加整理后放在餐桌之上，由服务生负责收拾。

### 5. 避免外带

享用自助餐时请记住，不管是以之待客的由主人亲自操办的自助餐，还是对外营业的正式餐馆里所经营的自助餐，都有一条不成文的规定，所有自助餐都允许宾客在用餐现场里自行享用，不论吃多少东西都没关系，绝对不允许在用餐结束后将食物打包携带回家。商界人士在参加自助餐时，一定要牢牢记住这一点。在用餐时不论吃多少东西都不碍事，但是千万不要偷偷往自己的口袋、皮包里装一些自己的“心爱之物”，更不要要求侍者替自己“打包”。那样的表现，必定会使自己见笑于人。

### 6. 积极交际

参加自助餐时，商务人员必须明确，吃东西往往属于次要之事，而与其他人进行适当的交际活动才是自己最重要的任务。在参加由商界单位所主办的自助餐时，情况就更是如此。所以，不应当以不善交际为由，只顾自己躲在僻静之处一心一意地埋头大吃，或者来了就吃，吃了就走，而不同其他在场者进行任何形式的正面接触。在自助餐上，一定要主动寻找机会，积极地进行交际活动。交际的主要形式是几个人聚在一起进行交谈。为了扩大自己的交际面，在此期间不妨多换几个类似的交际圈。只是在每个交际圈，多少总要待上一会儿时间，不能只待上一两分钟马上就走，如蜻蜓点水一般。首先，应当找机会与主人攀谈一番，其次，应当与老朋友好好叙一叙。最后，还应当争取多结识几位新朋友。一般来说，介入陌生的交际圈，大体上有三种方法。其一，是请求主人或圈内之人引见。其二，是寻找机会，借机加入。其三，是毛遂自荐，自己介绍自己加入。不管怎么说，加入一个陌生的交际圈，应该先征得圈内之人的同意，愣头愣脑地硬闯进去，未必会受到欢迎。

## 实践训练

**实践项目：**模拟自助餐宴请礼仪。

**情境描述：**丙公司是一家中外合资的企业，经常有很多外国的客户，为了扩大企业的知名度和影响力，丙公司决定在 3 周年的公司庆典仪式后举办自助餐会来招待来宾，可负责人却不知道应该进行哪些准备，如果你是该企业的负责人，你应该怎么做？

**实践指导：**

1. 自助餐时间的确定；
2. 根据到会人数选择合适的地点；
3. 自助餐的品种很多，根据客户确定以哪种形式的自助餐会更受欢迎；
4. 食物的准备，可聘请专业人士准备；
5. 还可以根据公司的经济能力与专业的自助餐厅合作；
6. 在用餐时积极交际。

## 自主学习

### 一、判断题（正确的在括号内打“√”，错误的打“×”）

1. 自助餐起源于 8 至 11 世纪北欧的斯堪的纳维亚半岛，原意是“海盗”的聚餐。（　）

2. 自助餐是一种由宾客自行挑选，拿取或自烹自食的就餐形式，用餐者可以自己动手随到随吃。它又被叫做热餐会，提供的食物以热食为主。（　）

3．自助餐既可安排在室内，也可安排在室外。自助餐大都是在大型餐厅、露天花园之内进行的。（　）

4．所有自助餐都允许宾客在用餐现场里自行享用，不论吃多少东西都没关系，绝对不允许在用餐结束后将食物打包携带回家。（　）

5．参加自助餐的商务人员必须明确，吃东西往往属于次要之事，而与其他人进行适当的交际活动才是自己最重要的任务。（　）

## 二、选择题

1．自助餐的优势有：（　　）

A．免排座次，方便交际　　B．节省费用，避免浪费

C．随到随吃，各取所需　　D．可同时招待多人，容量大

2．自助餐所备的食物品种繁多，常用的有（　　）。

A．冷菜有：沙拉、海蜇、香肠、火腿、虾松、鱼籽、皮蛋，海带、万年青等

B．汤类有：红菜汤、排骨汤、牛尾汤、蘑菇汤、玉黍汤、酸辣汤、三鲜汤等

C．热菜有：各种烤肉、炸鸡、炸鱼、烧肉、烧鱼、土豆片，海鲜等

D．酒水有：牛奶、咖啡、红茶、可乐、果汁、矿泉水、啤酒、鸡尾酒等

3．自助餐的礼仪主要有（　　）

A．排队取菜　　B．量力而行　　C．允许打包　　D．积极交际

4．在商务自助餐会上应积极交际，一般来说，以下哪些方法可以介入陌生的交际圈体（　　）。

A．请求主人或圈内之人引见

B．寻找机会，借机加入

C．毛遂自荐，自己介绍自己加入

D．要主动打断对方谈话加入

5．在用自助餐时下列说法正确的是（　　）。

A．取菜的先后顺序依次是：冷菜、汤、热菜、甜点、甜品和水果

B．在自助餐上，甜品、水果本应作为“压轴戏”，最后再吃

C．在选取菜肴时，最好每次只为自己选取一种，等吃好后，再去选取其他的品种

D．自助餐还有很多的灵活性，在不同的时间或是款待不同的客人时，食物可在具体品种上有所侧重

### 三、案例分析题

王女士不久带着女儿去吃自助餐，女儿在餐台上看到了自己喜欢吃的培根卷，就给自己盛了满满一大盘，当她端着盛满了培根卷的盘子离开餐台时，身边的人都用异样的眼光盯着她，身后一个声音："真过分"，王女士顿时感觉很难为情，餐后女儿觉得草莓很好吃，就取了很多准备打包带回家吃。可她发现她们母女的举动引来周围很多异样的眼光，并且餐厅服务员走过来告诉她这里的东西不能打包带走。本想带着女儿好好享用美食的王女士感觉今天的这顿自助餐吃的真是好尴尬呀！

## 评价考核

表 4-3　自助餐礼仪评价考核表

| 考评内容 | 邀请接待礼仪 | | |
|---|---|---|---|
| | 内　容 | 分值（分） | 评分（分） |
| 考核标准 | 自助餐起源和特点 | 15 | |
| | 自助餐的优势 | 15 | |
| | 自助餐的食物准备 | 20 | |
| | 自助餐的安排 | 15 | |
| | 自助餐的就餐礼仪 | 20 | |
| | 自助餐的积极交际 | 15 | |
| 合　计 | | 100 | |

注：可自评或他人考评。评价考核分为 100 分，60～69 分为及格；70～79 分为中；80～89 分为良；90 分以上为优秀。

# 第 16 讲　咖啡和茶礼仪

## 任务描述

**知识目标：**

1. 了解咖啡相关知识；
2. 了解茶的品种及特点。

**能力目标：**

1. 能够优雅地品咖啡；
2. 能够掌握喝茶的礼仪。

## 知识储备

### 一、咖啡礼仪

#### 1. 咖啡的由来

阿拉伯人对于咖啡起源的描述是这样的：一二五八年，因暗恋国王的女儿而被族人驱逐出境的酋长雪克—欧玛尔，流浪到离故乡摩卡很远的瓦莎巴（位于阿拉伯）时，已经饥饿疲倦得再也走不动了，就座在树下休息，突然发现有一只鸟飞来停在枝头上，发出极为悦耳的声音啼叫着。他仔细一看，发现那只鸟是在啄食枝头上的果实后，才发出美妙的啼声的，于是他便将那些果实采下来放入锅中加水熬煮，之后竟开始散发出浓郁的香味，喝后不但觉得好喝，而且还觉得疲惫的身心也为之一振。于是他便采下许多这种神奇果实，遇有病人便拿给他们熬成汤来喝，最后由于他四处行善，故乡的人便原谅了他的罪行，让他回到摩卡，并推崇他为“圣者”。咖啡这种神奇的饮料就此流传开来，并成为一种时尚。

#### 2. 中国的咖啡文化

国外的咖啡文化绚丽多彩，中国咖啡的种植相对起步较晚，在 20 世纪 90 年代前并不为国人所熟知。之后随着中国改革开放的深入，西洋文化的大举入侵，咖啡也渐渐进入了百姓的生活。随着经济的不断发展，城市小资队伍也不断壮大，喝咖啡的人越来越多。随之而来的“咖啡文化”也渗透到国人生活的每一个角落。无论在家里，还是在办公室，或是各种社交场合，人们都在品着咖啡，它逐渐与时尚、现代生活联系在一起，成为时尚和潮流的代名词。人们对“星巴克”“猫屎咖啡”的追求便是一个典型的例子。遍布城市各个角落的咖啡屋、西餐厅成为人们商务、休闲乃至谈恋爱的好地方，咖啡逐渐发展为一种文化。无论是新鲜研磨的咖啡豆，还是刚刚冲出的热咖啡，都散发出馥郁的香气，令人沉醉。星巴克首选、意大利特浓咖啡（艾斯布瑞索）、卡布其诺、拿铁、风味咖啡，为光顾咖啡屋的人们提供了各种不同的口味。中国人也逐渐喜欢自己做咖啡了，亲手为亲友做一杯新鲜的热咖啡，也逐渐成为一种时尚。现在咖啡屋里品味的不只是咖啡，更是一种情调。

#### 3. 咖啡的好处

（1）提神醒脑。咖啡因性味辛香芳醇，极易通过脑血屏障，刺激中枢神经，使头脑较为清醒，反应活泼灵敏，注意力集中，提高工作效率。

（2）强筋骨、利腰膝。咖啡因能使肌肉自由收缩，增加肌腱力量，增强身体的灵敏度，提高运动功能。

（3）开胃主食。咖啡因会刺激交感神经，刺激胃肠分泌胃酸，促进消化。

（4）消脂消积。咖啡因可加速脂肪分解，增快身体新陈代谢，增加热能消耗，有助保持良好的身材。

（5）利窍除湿。咖啡因可促进肾脏机能，排出体内多余的纳离子，提高排尿量，改善腹胀水肿，有助减重瘦身。

**礼仪小贴士**

**喝咖啡的最佳时间**

一般在用早餐及午餐后。因此在家里用咖啡待客，最好不要在晚餐后喝咖啡。

正式的西式宴会，咖啡往往是“压轴戏”。

正式的西式宴会一般在晚上举行，所以在宴会上喝咖啡通常是在晚上。

### 4. 咖啡分类

（1）巴西咖啡：苦味较淡，以平顺的口感著称。这种咖啡品质优良，口感圆滑，带点中度酸，还有很强的甘味，因此是做混合咖啡不可缺少的原料。

（2）哥伦比亚咖啡：具有特殊的厚重味，以丰富独特的香气受到人们的青睐。

（3）蓝山咖啡：产于牙买加西部的蓝山山脉。蓝山咖啡略带苦味，口感调和，风味极佳。

（4）炭烧咖啡：这是一种烘焙咖啡，味道焦、苦而不带酸味。

（5）摩卡咖啡：以也门所生产的咖啡为最佳。摩卡咖啡风味独特，含有巧克力的味道，具有贵妇人的气质，是极具特色的一种纯品咖啡。

（6）意大利咖啡：具有浓郁的香味及强烈的苦味。

（7）曼特宁咖啡：主要产于印度尼西亚的爪哇、苏门答腊及苏拉威岛屿。它有丰富醇厚的口感，不涩不酸，醇度、苦味和香度高，相当具有个性。

### 5. 喝咖啡的具体礼仪

喝咖啡的时候，一定要注意个人举止。主要是在饮用的数量、配料的添加、品饮的姿态等方面都要多加注意，具体的礼节有：

（1）在正式场合要注意：杯数要少，喝咖啡要适量，并且浓度不要过高。在正式场合喝咖啡，它只是一种休闲或交际的陪衬与手段，所以最多不要超过三杯。

（2）喝咖啡不是为了充饥解渴，所以在喝的时候动作就不要太大，让人发笑。

（3）在正式场合，咖啡都是盛进杯子，然后放在碟子上一起端上桌。碟子的作用，主要是用来放置咖啡匙，并接住溢出杯子的咖啡。

（4）咖啡匙的作用主要是加入牛奶或方糖后，用来轻轻搅动，使奶、糖与咖啡相互融合。

（5）给咖啡加糖时，砂糖可用咖啡匙舀取，直接加入杯内；也可先用糖夹子把方糖夹在咖啡碟的近身一侧，再用咖啡匙把方糖加在杯子里。如果直接用糖夹子或手把方糖放入杯内，有时可能会使咖啡溅出，从而弄脏衣服或台布。

（6）饮用咖啡时，可以用右手拿着咖啡杯的杯耳，左手轻轻托着咖啡碟，慢慢地移向嘴边轻轻地啜饮，不宜满把握杯、大口吞咽，也不宜伏下身去喝。

（7）在喝咖啡时，为了不伤肠胃，往往会同时准备一些糕点、果仁、水果之类的小食品。

依照上述的过程享受一杯好咖啡，不仅能体会咖啡不同层次的口感，而且更有助于提升鉴赏咖啡的能力。

### 礼仪小贴士

**喝咖啡的注意事项**

1. 用嘴吹凉咖啡不够文雅。如果太热，可用咖啡匙轻轻搅拌使之冷却后再饮用。

2. 喝完咖啡后应当立即把咖啡杯子放回咖啡碟子中，不要使杯、碟二者“分家”。

3. 喝咖啡和吃点心时不可交替进行。而应该饮咖啡时放下点心，吃点心时则放下咖啡杯。

4. 在没有征得客人允许之前，不可擅自替客人加糖或奶精，应该让他们自己动手加。

5. 咖啡匙不是用来舀咖啡的。加糖和搅咖啡才是咖啡匙的“专职”。不用的时候，平放在咖啡碟里，不要立在咖啡杯里。用它舀着咖啡一口一口喝是件失礼的事。

6. 喝咖啡时最好能趁热，因为咖啡中的单宁酸在冷却时会使口味变酸，影响咖啡的品质。

### 6. 喝咖啡的常见地点

喝咖啡常见的地点主要有：客厅、餐厅、写字间、花园、咖啡厅等。

（1）在客厅里喝咖啡，主要适用于招待客人。在写字间里喝咖啡，主要是在工作间歇自己享用，为了提神。

（2）如果在自家花园喝咖啡，适合和家人休闲，也适合招待客人。

（3）西方有一种专供女士社交的咖啡会，就是在主人家的花园或庭院中举行的。

## 二、茶饮礼仪

时代在进步，人们也更追求生活的质量，享受、品味生活在当代也是一种时髦。在世界范围更是风靡。中国人喝早茶，欧美喝下午茶，这都成为一种习惯。茶是世界三大无酒精饮料之一，中国是茶的发祥地，被誉为“茶的祖国”。茶，是中华民族的骄傲。然而，虽然我们每天都在接触茶，茶文化的知识却渐渐被遗忘，甚至有些人提起茶，首先会想到日本茶道，这实在是一种可悲，为了不忘却茶文化也是中国文化精髓之一，让我们来了解一下中国茶文化吧。

### 1. 中国茶文化

中国饮茶历史最早，陆羽《茶经》说：“茶之为饮，发乎神农氏，闻于鲁周公”。春秋以前，最初茶叶作为药用而受到关注。古代人类直接含嚼茶树鲜叶汲取茶汁而感到芬芳爽口。久而久之，茶的含嚼成为人们的一种嗜好，可以说是饮茶的前奏。随着人类生活的进化，生嚼茶叶的习惯转变为煎服。即鲜叶洗净后，置陶罐中加水煮熟，连汤带叶服用。煎煮的茶虽苦涩但滋味浓郁，风味与功效均胜几筹。日久，煮茶品饮成为一种习惯，茶开始作为饮料。然而，茶从药用发展成为日常饮料，以食用阶段作为中间过度，即以茶当菜，煮作羹饮，茶叶煮熟后，与饭菜调和一起食用。这时，用茶的目的，一是增加营养，二是食用解毒。由此，茶叶利用方法前进了一步，运用了当时的烹煮技术，并已注意到茶汤的调味。随后，茶逐渐被加工，饮用时，人们加调味品烹煮汤饮，随着茶事业的兴旺，人们对茶的研究更加深入，茶道应运而生。

### 2. 茶的种类

（1）绿茶

绿茶又称不发酵茶，以茶树新梢为原料，经杀青、揉捻、干燥等典型工艺过程制成的茶叶。中国绿茶十大名茶是西湖龙井、太湖碧螺春、黄山毛峰、六安瓜片、君山银针、信阳毛尖、太平猴魁、庐山云雾、四川蒙顶、顾渚紫笋茶。

（2）红茶

红茶是一种全发酵茶（发酵程度大于 80%），因茶汤的颜色是红色而得名。它的加工制作方法刚好和绿茶相反，是以新鲜的茶叶经过烘制，等完全发酵后制作而成。中国著名的红茶有安徽祁红、云南镇红、湖北宜红、四川川红等。

（3）乌龙茶

乌龙茶的制作加工方法介于绿茶和红茶之间，是一种半发酵的茶叶。主要产于福建、广东、台湾等地。一般以产地的茶树命名，如铁观音、大红袍、乌龙、水仙、单枞等。它有红茶的醇厚，而又比一般红茶涩味浓烈；有绿茶的清爽，而无一般绿茶的涩味，其香气浓烈持久，饮后留香，并具提神、消食、止痢、解暑、醒酒等功效。清初就远销欧美及南洋诸国。现在最受日本游客的欢迎。

（4）花茶

花茶又叫香片，是各种花香熏制而成的茶。常用的香花有茉莉、珠兰、玫瑰、柚花等。以福建、江苏、浙江、安徽、四川为主要产地。苏州茉莉花茶，是花茶中的名品；福建茉莉花茶，属浓香型茶，茶汤醇厚，香味浓烈，汤黄绿，鲜味持久。

（5）砖茶

砖茶又叫茶砖，是特意将茶叶压紧后，制作成的一种类似砖块形状的茶叶品种。主要产于云南、四川、湖南、湖北等地。砖茶又称边销茶，主要销售边疆、牧区等地。

（6）白茶

白茶是一种不经发酵，也不经揉捻的茶。具有天然香味，茶分大白、水仙白、山白等类，故名白茶。其中以银针白毫，最为名贵，特点是遍披白色茸毛，并带银色花泽，汤色略黄而滋味甜醇。主要产地在福建福鼎县和政和县。

总之各种不同的茶叶都有各自的功效，一般来说茶叶的功效据古籍的记载上有：安神、明目、醒脑、止渴、清热、消暑、解毒、消食、醒酒、减肥、利尿、通便、止痢、趋痰、解表、益气等。

### 3. 品茶的礼仪

（1）选用茶具

一般情况下，喝茶都少不了储茶用具、泡茶用具和喝茶用具。储茶用具的基本要求是：防潮、避光、隔热、无味。

泡茶水温的掌握，主要看泡饮什么茶而定，高级绿茶，特别是各种茶叶细嫩的名茶，不能用 100℃的沸水冲泡，一般以 80℃左右为定，茶叶愈嫩愈绿，冲泡水温要低，这样泡出的茶汤一定嫩绿明亮，滋味鲜爽，茶叶维生素C也较少损失。

喝茶用具，主要是茶杯、茶碗。用茶杯喝茶最常见，也最正规。使用茶碗喝茶，多出现在古色古香的茶馆里，如图 16-1、图 16-2 所示。

图 16-1 茶具

图 16-2 茶具

（2）如何品茶

尝茶：从干茶的色泽、老嫩、形状，观察茶叶的品质。

闻香：鉴赏茶叶冲泡后散发出清香。

观汤：欣赏茶叶在冲泡时上下翻腾、舒展的过程，茶叶溶解情况及茶叶冲泡沉静后的姿态。品味：品赏茶汤的色泽和滋味。唐宋时品茶注重茶汤的色、香、味，尤以色为主。进入明清时代，品茶注重味和香。品茶如参禅，而饮茶能清心寡欲、养气颐神，故向有“茶中带禅、茶禅一味”之说。

**礼仪小贴士**

**你知道中国文化的“三香”吗**

茶香、书香、墨香就是中国文化的“三香”，是高雅、安祥、和谐之社会精神的体现。文人墨客，清茶一杯，淡风论雅；芸芸众生，一茗在手，照样海阔天空；平易近人，宁静淡泊，雅俗共赏，这就是茶之性，茶之品。

在茶叶大家庭中，形形色色的茶叶，似珠、似花、似针、似矛、似眉、似碗、似螺、似片。品茶与其他饮茶方式不同。通常饮茶按方式不同分为：品茶、喝茶、饮茶、灌茶四种，其中品茶，或称品茗，为饮茶之最高方式。一般来说江浙沪爱饮绿茶，广东、香港爱饮红茶，福建、台湾爱饮乌龙茶，云南爱饮普洱茶，而我国北方则大多爱饮“香片”（即花茶）。在国外一般来说，欧美喜欢饮红茶，非洲爱饮绿茶，东南亚也偏爱乌龙，日本则嗜好蒸青绿茶。

### 4. 敬茶的礼仪

中国人习惯以茶待客，并形成了相应的饮茶礼仪。茶艺已经成为中国文化的一个组成部分。比如“功夫茶”，便是茶道的一种，有严格的操作程序。下面介绍“功夫茶”的程序：

一是嗅茶，主客坐定以后，主人取出茶叶，主动介绍该品种的特点、风味，客人则依次传递嗅赏。

二是温壶，先将开水冲入空壶，使壶体温热。然后将水倒入“茶船”（一种紫砂茶盘）。

三是装茶，用茶匙向空壶中装入茶叶，通常装大半壶。切忌用手抓茶叶，以免手气或杂味混肴。

四是倒水、续水。看似比较简单，却是体现对宾客礼貌服务的一项重要内容，有其具体的要求和操作规范。服务员为宾客倒水、续水时，须先敲门，经同意后才能进入客房、会客室或会议室。右手拿暖瓶，暖瓶提手归向把手一边，左手带小毛巾。往高杯中倒水、续水，应用左手的小指和无名指夹住高杯盖上的小圆球，用大拇指、食指和中指握住杯把，从桌上端下茶杯，腿一前一后，侧身把水倒入杯中。斟茶时只斟七分即可，暗寓“七分茶三分情”之意。俗话说：“茶满欺客”，茶满不便于握杯啜饮。

### 5. 品茶的礼仪

（1）品茗活动前，冲泡者应落落大方又不失礼貌地自报家门，最常用的开场白是“大家好！我叫某某，很高兴能为大家泡茶。有什么需要我服务的，请尽管吩咐。”冲泡开始前，应简要地介绍一下所冲泡的茶叶名称，以及这种茶的文化背景、产地、品质特征、冲泡要点等。但介绍内容不能过多，要语言精练，语意正确，语调亲切，使饮者感到茶道是一种高雅的享受。在冲泡过程中，对每一道程序，要用一两句话加以说明，特别是对一些富有寓意的操作程序，更应及时指明，起到画龙点睛的作用。当冲泡完毕，客人还需要继续品茶，而冲泡者不得不离开时，应征求客人的意见，如“请大家慢用，随时恭候您的吩咐，现在我可以离开吗？”这样显示出对客人的尊重。

（2）主人在泡茶款客前，先拿出一些名优茶放在茶盘中，供客人挑选，以表达主人对客人的尊重，同时让客人仔细欣赏茶的外形、色泽和干香。

（3）将茶筒中的茶叶放入壶或杯中，应使用竹或木制的茶匙摄取，不要用手抓。

若没有茶匙，可将茶筒倾斜对准壶或杯轻轻抖动，使适量的茶叶落入壶或杯中，这是讲卫生、讲文明的表现。

（4）将泡好的茶端给客人时，最好使用托盘，若不用托盘，注意不要用手指接触杯沿。端至客人面前，应略躬身，说“请用茶”。也可伸手示意，同时说“请”。客人在主人请自己选茶、赏茶或主人敬茶时，应在座位上略欠身，并说“谢谢”。如人多、环境嘈杂时，也可行叩指礼表示感谢。品茗后，应对主人的茶叶、泡茶技艺和精美的茶具表示赞赏。告辞时要再一次对主人的热情款待表示感谢。

**礼仪小贴士**

**如何鉴别新茶与陈茶**

外观：新茶外观新鲜，干硬疏松，一捻便碎；陈茶暗软紧缩，不易捻碎。

香气：新茶气味清香、浓郁；陈茶香气低浊，甚至有霉味或无味。

滋味：新茶滋味醇厚、鲜爽；陈茶滋味淡薄、滞沌。

色泽：新茶看起来都较有光泽、清澈，而陈茶均较晦暗。如绿茶新茶青翠嫩绿，陈茶则黄绿枯灰；红茶新茶乌润，而陈茶灰褐。

### 6. 饮茶十忌

（1）忌空腹饮茶。

（2）忌饮烫茶。

（3）忌饮冷茶温茶：热茶能使人神思爽畅，耳聪目明；冷茶对身体则有滞寒等副作用。

（4）忌浓茶：浓茶含咖啡因，茶碱多，刺激强，易引起头痛，失眠。

（5）忌冲泡时间太久：不仅茶汤色暗，味差，香低，失去品尝价值；而且由于茶叶中的维生素会减少，使茶汤营养价值大大降低；同时由于茶汤搁置时间太久，茶汤中的微生物（细菌等）数量较多，很不卫生。

（6）忌冲泡次数过多：一般茶叶冲泡3～4杯。

（7）忌饭后马上饮茶：茶中含有鞣酸，能与食物中的蛋白质，铁质发生凝固作用，影响人体对蛋白质和铁质的消化吸收。

（8）忌用茶水服药：茶叶中含有大量鞣质，可分解成鞣酸，与许多药物结合而产生沉淀，阻碍吸收，影响药效。

（9）忌饮隔夜茶：因隔夜茶时间过久，维生素已丧失。

（10）六类人群不宜饮茶。营养不良的人和婴幼儿；患神经衰弱、失眠、甲亢、结核等慢性病的人；发热病人；患胃、十二指肠溃疡的人；心脏病患者；怀孕及哺乳期妇女。

## 实践训练

**实践项目**：模拟品茶和敬茶礼仪

**情境描述**：结合所学的有关茶的礼仪知识，理论联系实践，设置模拟场景，让学生扮演服务员，由其他学生和老师充当喝茶的客人，练习斟茶礼仪。全班分组进行训练，以小组为单位进行模拟活动。

**实践指导**：

1．准备茶桌和全套功夫茶具；

2．各种各样的茶叶；

3．观察和鉴定茶的好坏；

4．掌握敬茶的程序；

5．品茶的礼仪；

6．喝茶的注意事项。

## 自主学习

### 一、判断题（正确的在括号内打“√”，错误的打“×”）

1．喝完咖啡后应当立即把咖啡杯子放回咖啡碟子中，不要使杯、碟二者“分家”。（　）

2．咖啡匙不是用来舀咖啡的。加糖和搅咖啡才是咖啡匙的“专职”，不用的时候要放在咖啡杯里。（　）

3．喝咖啡和吃点心时可一手拿咖啡，一手拿点心交替享受美味。（　）

4．各种茶叶不能用100℃的沸水冲泡，一般以80℃左右为佳，茶叶越嫩越绿，冲泡水温越低，这样泡出的茶汤一定嫩绿明亮，滋味鲜爽，茶叶维生素C也较少损失。（　）

5．忌用茶水服药，茶叶中含有大量鞣质，可分解成鞣酸，与许多药物结合而产生沉淀，阻碍吸收，影响药效。（　）

## 二、选择题

1．饮茶按方式不同，可分为（　　）。

A．品茶　　B．喝茶　　C．饮茶　　D．灌茶

2．喝咖啡最常见的地点主要有（　　）。

A．在客厅里喝咖啡，主要适用于招待客人

B．在写字间里喝咖啡，主要是在工作间歇自己享用，为了提神

C．如果在自家花园喝咖啡，适合和家人休闲，也适合招待客人

D．西方有一种专供女士社交的咖啡会，就是在主人家的花园或庭院中举行的

3．中国的茶种类较多，主要有（　　）。

A．绿茶　　B．乌龙茶　　C．红茶　　D．花茶等

4．下列正确的喝咖啡礼仪有（　　）。

A．在正式场合要注意：杯数要少，喝咖啡要适量，并且浓度不要过高

B．咖啡匙的作用主要是加入牛奶或方糖后，用来轻轻搅动，使奶、糖与咖啡相互融合

C．在喝咖啡时，为了不伤肠胃，往往会同时准备一些糕点、果仁、水果之类的小食品

D．在正式场合，咖啡杯和碟子是不分家的。碟子是用来放置咖啡匙，并接住溢出杯子的咖啡

5．在饮茶中应忌讳的是（　　）。

A．忌空腹饮茶

B．忌浓茶其含咖啡因，茶碱多，刺激强，易引起头痛，失眠

C．忌冲泡时间太久：不仅茶汤色暗，味差，香低，失去品尝价值

D．忌饮隔夜茶：因隔夜茶时间过久，维生素已丧失

## 三、案例分析题

【案例1】小丽和朋友去星巴克喝咖啡，两人各点了一杯，咖啡端上来后，一向不喝咖啡的小丽嫌咖啡太烫就端起来不停地用嘴吹，想让咖啡早点冷下来好尝尝味道怎样，稍微冷了以后就用咖啡勺舀着喝，尝了咖啡后直叫苦，于是用手从桌上的糖罐里拿了块方糖放进嘴里吃了起来，然后又拿了几块放进咖啡杯里，咖啡顿时溅到了桌布上，还大声叫服务员过来帮忙，小丽的朋友感到很尴尬。

【案例 2】相传，被称为“扬州八怪”之一的清代大书法家郑板桥曾在镇江读书。一天，郑板桥听说金山寺有书画展，就独自一人去观赏。到了方丈室，老方丈见郑板桥衣着简单便对他不屑一顾，仅勉强地招呼了一声“坐”，然后对小和尚说“茶”。过了一会儿，老方丈见郑板桥仔细观赏墙上的字画，意识到他对书画有一定的熟悉，态度稍微变好一些，于是又说“请坐”，并喊小和尚“敬茶”。当方丈得知来者就是大名鼎鼎的郑板桥时，惊喜万分，态度马上转变，忙露出笑脸说：“请上座！”又急忙吩咐小和尚：“敬香茶！”

饮罢茶，郑板桥起身告辞，老方丈请求郑板桥赐书墨宝。郑板桥对老方丈看人待客的态度略有看法，于是挥手而书，上联是：“坐，请坐，请上座！”下联是：“茶，敬茶，敬香茶！”对仗工整，讽刺味极浓，老方丈羞愧不已。

## 评价考核

**表 4-4　咖啡和茶礼仪评价考核表**

| 考评内容 | 邀请接待礼仪 | | |
|---|---|---|---|
| 考核标准 | 内　容 | 分值（分） | 评分（分） |
| | 咖啡的种类和特点 | 15 | |
| | 喝咖啡的礼仪 | 20 | |
| | 咖啡和茶各代表的文化 | 20 | |
| | 茶的种类和特点 | 15 | |
| | 品茶的礼仪 | 20 | |
| | 敬茶的礼仪 | 10 | |
| 合　计 | | 100 | |

注：可自评或他人考评。评价考核分为 100 分，60～69 分为及格；70～79 分为中；80～89 分为良；90 分以上为优秀。

# 第5单元

# 生活礼仪

生活中我们常常会遇到这样的人，即便他长得不好看，也没有特别的才华，但是他谦和有礼，反而是我们最喜欢接近的人。在现实世界中，每个人都不是绝对独立的，每个人在社会中都需要与人交往。那么，你知道日常聚会该注意哪些细节吗？你待人接物大方有礼，进退有度吗？你会选择馈赠礼品吗？……生活礼仪，将教会你优雅，提升你的人格魅力。

生活礼仪，是人们在公共生活和相互交往中约定俗成、普遍遵循的基本行为规范，涉及个人和人际交往中仪表仪容、言谈举止、待人接物等方面的具体规则和惯用形式。作为公共生活的“通用语言”，生活礼仪重视小节，以小见大。从握手到称谓，从出行到购物，从着装到用餐，从使用电话到网络交流，都能反映公民的文明素养，体现社会的文明程度。创造文明和谐的社会生活，需要我们“知礼”、“明礼”、“习礼”进而“达礼”，既展现自我的修养，又体现对别人的尊重。中国稳步走向国际，奥运会、世博会等重大活动拓展了我们的社会交往空间，更需要每个公民自觉学习社会生活礼仪知识，提高社会生活礼仪水准，体现中国公民应有的素质。

本单元重点学习拜访待客礼仪、日常聚会礼仪、馈赠礼仪、公共礼仪。

礼尚往来，往而不来非礼也，来而不往亦非礼也。

——《礼记》

礼，经国家，定社稷，序民人，利后嗣。

——《左传》

# 第17讲　拜访待客礼仪

## 任务描述

**知识目标：**

1. 掌握拜访的礼仪规范；
2. 掌握招待客人的礼节；
3. 掌握送客礼仪。

**能力目标：**

当一个有礼貌的访客，做一个热情周到的主人。

## 知识储备

### 一、拜访礼仪

到别人家拜访，一种是自己主动前往，一种是受别人邀请。若是前者应事先打电话约好时间，以防突然造访给别人带来麻烦；后者无论答应还是拒绝，都应及时告知对方，切忌答应某一邀请后，又因参加别的约会而失此约。

#### 1. 选择合适的服装

首先要整洁大方，中式赴宴无明确规定，西式赴宴，请柬中往往写明“请穿礼服”，一般喜庆时应穿华丽一些，丧祭时以黑色或素色为宜，并带好手帕、面巾、香烟、打火机等物品。

#### 2. 带好合适的礼品

根据不同宴会要准备不同礼品，如生日寿诞、结婚喜庆可送耐用、易保留的礼品，探病丧礼则宜选一次性的礼品。

**礼仪小贴士**

**拜访时需注意**

如果不打算长坐或不想喝茶的话，要谢绝主人为你泡茶。如果已经泡好，至少要喝完第二杯茶后再离开。如果不是主人自愿邀请，不要好奇地探望主人家的卧室以及翻阅书籍。

### 3. 到达的礼仪

首先应准时到达，或稍稍提早。到达主人门前，要先擦净脚上泥土，叩门切忌重手重脚或时间过长。进门后要将大衣、雨具交给主人安置，并向主人问候、寒暄，还要向在场的主人家属和其他客人打招呼，待主人安排或指定座位后再坐下。对端茶敬烟的主人要起身道谢，双手迎接，点烟时必须站起来，身体前倾并致敬意。不应乱丢乱弹乱扔果皮、果核、烟灰、烟蒂。如果朋友家中有老人，要主动与老人打招呼，不能对屋里的其他人视而不见，谁也不理，就直奔你的朋友。如被访问的是年长者，主人没坐下，自己不能先坐下。同时要注意民族风俗和主人习惯。要向主人说明来意，以便人家接待。如有其他客人在场，可先在一旁静坐一下，不要打断人家谈话。在朋友家里要注意自己的仪表，讲究站有站相，坐有坐相，要大方，彬彬有礼。主人献上的果食，要等其他客人或年长者动手之后，自己再取用。

即使在最熟悉的朋友家里，也不要过于随便。在朋友家室内吸烟，要尽量克制，免得弄得满屋是烟，特别在冬天更应注意。烟灰烟蒂要放在烟灰缸内，不能轻易往茶碗、食碟内乱放，也不要乱丢果核果皮，更不可乱翻人家的东西。

### 4. 保持合适的举止

第一件不应忘记的事情是打招呼，尤其要与女主人打招呼，并对主人的宴请说一些赞扬话，为主人创造融洽、热烈的气氛。入席时要按既定次序入座，不可贸然坐下。坐在餐桌前要注意体态礼仪，主人祝酒时要专注地听，主人敬酒时要起立回敬，即使不会饮酒也应沾沾唇以示尊敬，待主人招呼后才动筷夹菜。进餐中要注意饮食礼仪，席间谈笑应多谈些愉快、轻松的话题，要尽量避免中途离席，确实无奈应向主人表达歉意方可离去。

## 二、待客礼仪

家里有客人来访，应提前做准备。主人的服饰要整洁，家庭布置要干净美观，孩子要妥善安排教育，水果、点心、饮料、烟酒、菜肴等要提前备好。如果是正式宴请，如婚礼、寿诞等，还要预先送请柬或电话邀请，确定宴请时间、场所，排好座次，落实宴请形式、规模、档次。

### 1. 迎接客人

客人在约定时间到达，主人应提前到门口迎接，不宜在房中静候，最好夫妇一同前往，女主人应在前。如果有客人突然临门，要热情相待，若室内未清理，应致歉并适当收拾，但不宜立即打扫，因为打扫有逐客之意。

### 2. 问候寒暄

见到客人，应热情招呼，女主人应主动上前握手。如果客人手提重物，应主动帮忙，对长者或体弱者可上前搀扶。进入室内应把最佳位置让给客人坐，如果客人是初次来访，应向其他家人或客人作介绍。主人要面带微笑，步履轻松，不能有疲惫心烦之相。

### 3. 敬烟、敬茶

一般情况下，来客是男士，一落座马上敬烟。敬烟忌用手直接取烟，应打开烟盒弹出几支递给客人面前请客人自取，敬烟不能忘了敬火，若主人也会吸，应先客后主。冲泡茶时首先要清洁茶具，多杯茶时应一字儿排开来回冲，每杯茶以斟杯高的 2/3 为宜，应双手捧上放在客人的右手上方，先敬尊长者。

### 4. 陪客交谈

客人坐下，奉敬烟茶糖果之后，应及时与之交谈，话题内容可因实际而定。一般来说，应谈一些客人熟悉的事情，若无法奉陪客人交谈，可安排身份相当者代陪或提供报纸杂志、打开电视供客人消遣，切不可出现主人只管自己忙，把客人晾在一旁的现象。

### 礼仪小贴士

**会客时怎样排座次**

宾主对面而坐，以面门为上；宾主并列而坐，以右为上；当难以排列座次时，可自由择座。

## 三、送客礼仪

当客人散席或准备告辞时，主人应婉言相留。客人要走，应等其起身后，主人再起身相送，家人也应微笑起立，亲切告别。若客人来时带有礼物的，应再次提及对礼物的感谢或回赠礼物，并不忘提醒客人是否有东西遗忘，或有什么事需要帮忙。送客应送到大门口或街巷口，切忌跨在门槛上向客人告别或客人前脚一走就“啪”地关门。如果是初次来客，主人应主动指路或安排车辆接送，远方来客则应送至火车站、机场或码头，并说祝愿话或发出再来的邀请。

## 实践训练

**实践项目：**接待客人

**情境描述：**家中有亲戚朋友来访，主动承担这次接待任务。

**实践指导：**

1．发出邀请；

2．做好准备工作，如卫生打扫、水果点心的准备等；

3．确定时间；

4．提前迎候；

5．热情接待；

6．有礼相送。

## 自主学习

**一、判断题（正确的在括号内打“√”，错误的打“×”）**

1．好友之间，什么时候想去玩就去，不用告知对方。（　）

2．拜访别人应准备一份礼品。（　）

3．到达主人家，如果门没有开，就长时间叩门。（　）

4．客人到达前，主人应在门口迎候。（　）

5．主人敬酒时，你不会喝酒就不用喝。（　）

**二、选择题**

1．到达主人家时，（　）的做法是正确的。

A．长按门铃　　B．擦净脚上的泥土

C．向在场的人打招呼　　D．直奔自己的朋友

2．迎接客人时要注意（　）。

A．提前在门口等候　　B．在房中静候

C．夫妇一同前往　　D．男主人迎接，女主人准备点心

3．给客人敬烟时，要注意（　）。

A．打开烟盒直接取烟　　B．客厅里不抽烟就不敬

C．敬烟同时不忘敬火　　D．先自己点上，再给客人点

4．给客人敬茶时要注意（　　）。

A．一杯一杯地冲　　B．多杯茶一字排开冲

C．茶冲满以示客气热情　　D．茶冲至 2/3 满

5．送客时，（　　）的做法是正确的。

A．客人告辞时，婉言相留　　B．主人先起身等客人离座

C．送客出去就关上门　　D．发出再来的邀请

### 三、案例分析题

小马到朋友小周家玩，两人正在客厅聊天的时候正好碰到小周的父亲下班回家。因为事先知道小周的父亲在省里当干部，小马立即迎上前去，伸出手热情地说："伯父，你好！我叫小马，是小周的朋友。"小周父亲当时也握住了他的手，寒暄了几句就进屋了。请结合拜访礼仪对小马的言行做出评析。

## 评价考核

**表 5-1　拜访待客礼仪评价考核表**

| 考评内容 | 拜访待客礼仪 | | |
|---|---|---|---|
| 考核标准 | 内　　容 | 分值（分） | 评分（分） |
| | 拜访客人提前约定，准时到达 | 10 | |
| | 在主人家举止得体 | 15 | |
| | 接受宴请时遵守餐饮礼仪 | 15 | |
| | 待客热情周到 | 25 | |
| | 能正确敬烟、敬茶 | 20 | |
| | 送客时彬彬有礼 | 15 | |
| 合　　计 | | 100 | |

注：可自评或他人考评。评价考核分为 100 分，60～69 分为及格；70～79 分为中；80～89 分为良；90 分以上为优秀。

# 第 18 讲　日常聚会礼仪

## 任务描述

**知识目标：**

1．掌握参加婚宴的礼仪规范；

2．掌握参加寿宴的礼节；

3. 了解各种聚会场合的礼仪常识。

**能力目标：**

遵守日常聚会的各种礼仪规范，做一个人人欢迎的谦谦君子。

## 知识储备

### 一、婚宴礼仪

能被邀请参加婚礼，说明和新人或新人家庭的关系不错，非亲即友。所以，了解一下基本的礼仪，既是对新人的尊重，也能维护和增添婚礼的婚庆、和谐的氛围。

#### 1. 个人形象

参加婚礼前，应做好面容的清洁和修饰工作。男士要清洁好头发和面部，刮净胡须、剪好鼻毛。女士则可以化个淡妆，不宜浓妆艳抹地参加婚礼。

服饰方面，要适合正式场合的，避免鲜艳的颜色，不宜穿着太漂亮、太高档的衣服，以免抢了新郎或新娘的风头。可以穿休闲中带点正装的感觉，但不要太正式，也不要太休闲。颜色和款式不要和新人“撞衫”。最好不要穿着黑色衣物参加婚礼，以免让新人感觉晦气。也不能穿短裤或拖鞋参加婚礼。男士一般穿西装、长裤，不能穿短裤。穿西装必须打领带。穿深色套装时，记得穿深色袜子配黑色皮鞋。但如果自己不是婚礼上的重要角色，长裤、T恤、皮鞋就可以了。女士以穿套装为宜，穿着的裸露程度切不可超过新娘。忌穿着和新娘婚纱相近的礼服，颜色应以紫色、绿色、粉色、灰色、酒红、米色等为宜。

#### 2. 行为举止

如果收到请柬，一定要在婚礼举办日的至少前两三天主动和新人联系，确定自己是不是能出席，有几个人一同去，以便对方安排。

在婚礼进行中不要大声喧哗，否则不但影响别人的发言，也可能会影响现场录音效果。座位离音响设备近的来宾应暂时关闭手机，避免对音响效果造成影响。不要在现场频繁走动，以免对他人造成干扰，或者碰掉音响等的连线或影响拍摄效果。如果带了小孩参加婚礼，要适当约束小孩不要让其乱跑。使用器具时要小心，婚礼上都忌讳有人打碎东西。应积极参与婚礼中的互动内容，特别是被邀请的时候。在气氛热烈的时候，应该报以热烈的掌声。

新人给你敬酒或敬烟时，一定要说祝福的话，比如，“早生贵子”，“白头到老”等。婚宴上要注意吃有吃相、喝有喝相，要保持基本的风度，不能失态。喝酒也要有度，不能灌人以酒。

婚礼上，不管是游戏还是敬酒过程中，要适可而止，不能有失新人的尊严，不能有伤风化。也不能过分为难新人，让其尴尬。离开的时候，尽量跟新人打个招呼，但如果他们忙就不必去打扰。

### 3. 选择礼品

参加婚礼这种隆重而喜庆的仪式，带礼品是必须的。而送什么样的礼品则非常有讲究。即使婚礼上的馈赠，也要尽可能对新人的性格、爱好、需求等，加以了解分析，然后选择送礼方法，就不会失礼。

赠送现金，送礼者取送方便，受礼者得其实惠。礼金不论多寡，习惯上用双数。一般来说，要考虑当地的收入水平、两人关系的亲疏程度、其他人礼金的多少及上次对方给你赠礼的多少等因素。从实惠角度上讲，至少应多于不要使受礼者亏本。其他送礼方法还有很多，诸如送纪念册、影集、工艺品、丝绣品等，可以根据实际需要来选定送礼的方法。

## 二、寿宴礼仪

### 1. 言谈举止

过寿是个比较喜庆的日子，大家都是开开心心的，所以我们也要讲一些吉祥如意的话语，避免一些能引起争论的话题。语言以祝贺、颂扬为主，对寿星是这样，对寿星的家属、亲友同样要给予祝贺。即使曾经有过不愉快的事，在寿宴上也要有宽宏气度，将往事搁置在一边，不再提起。

### 2. 衣着打扮

给老人过寿，都比较忌讳穿黑色或者白色的衣服，黑白相间的衣服也是不可以穿的，尽量穿一些比较喜庆的服装。服饰宜选用色调明快、含有吉庆寓意的红、黄等色。

**礼仪小贴士**

**重要场合的着装**

参加祝寿活动不同于一般的走亲访友或赴宴，服饰宜选色调明快，含有吉庆之意的红、黄等色。忌穿全黑、全白或黑白相间的服装。

### 3. 寿礼的选择

个人参加寿宴，要携带礼品。寿礼要注重它的寓意，给老人的礼物要寓意健康长寿、吉祥如意、平安富贵、多子多福等，这样的礼物是深受老人喜欢的。礼物的包装要精美，做工要精致。各地区的寿礼风俗不同，有的送糕团、寿面，寓意长寿、步步高；有的送蛋糕，裱上“寿”字、“福字”和寿桃。也可以选择表达关怀心意的礼物，如电热毯、保健品、计步器等。寿礼忌送钟表、鞋子，水果不送梨，因为这些物品谐音“送终”、“邪气”、“分离”，老人比较忌讳。

### 4. 行礼

传统祝寿礼仪，同辈一般抱拳打躬祝贺，晚辈要给长辈鞠躬行礼。祝寿活动结束，主人如果回赠一些礼品，祝寿者不能拒绝，此为“敬福”。

## 三、其他场合礼仪

### 1. 探望病人礼仪

探望时间最好选在10：00～12：00，尽量不影响病人休息和用餐；时间要掌握好，不要太短或太久。

礼物，很多人喜欢给病人送鲜花和水果，但要注意，有些病人或同病房的人可能对鲜花过敏，或者患呼吸道疾病，不适宜呼吸有花粉的空气。另外，如果是住院的话，大家探病都送鲜花，也容易影响狭小病房内的其他病人。特别要注意的是，一些糖尿病人、肠胃病人不能吃水果。其实，小玩具、画册、羊毛毯、保温杯等都可以送给病人。

神情，探望病人时，神情应该保持轻松和关切，不要显得过于担心，见到病人治疗用的针头、皮管及其他医疗器械，不要表现出惊讶的神态，以避免给病人带来压力。

话题，探望病人的话题要轻松，注意不要自己滔滔不绝地说，对于一些不便当着病人面交谈的话题，可在离别时与其亲属到门外再谈。

### 2. 参加丧葬仪式礼仪

参加葬礼当然是一件很悲伤的事，但人们倾向于不要过分流露悲伤，因为那会增加死者亲属的悲痛。当然也不应强作笑容或谈笑。同死者家属握手时，可以不说话，也可以低声说一二句表示悼唁慰问的话，如“接受我深切的哀悼”、“请节哀”、

“多保重”等。在葬礼进行时，不要目不转睛地注视着哀伤的死者亲属。

服装，尽可能穿黑色的衣服。一般来说，我们是与父母一道出席亲属丧葬仪式的。首先在服饰上，需要注意的是尽可能穿黑色的衣服，如果父亲穿西装的话，要提醒他系黑色无花图案的领带，如果没有黑衣服就穿颜色暗淡、深沉的衣服，切忌穿着艳丽的服装。不宜穿各类宽松服装或其他便服。

给葬礼送花，可在葬礼举行前，通过葬礼承办人或花店办理。送花时，应附上写有悼唁字句或“献给××”字样的飘带，并附有赠花者的姓名。

## 实践训练

**实践项目：**赴宴设计

**情境描述：**李红周末将参加朋友的婚宴，请帮她做一个出场设计。

**实践指导：**

1．合理选择服装；

2．精心挑选一份礼物；

3．明确出席宴会时行为举止要注意的地方；

4．准备好对新人的祝福语；

5．熟悉婚宴流程。

## 自主学习

### 一、判断题（正确的在括号内打“√”，错误的打“×”）

1．参加婚宴，尽可能穿得喜气、漂亮。（　　）

2．参加宴会时，不宜谈论令人扫兴的话题。（　　）

3．寿礼一般选择有美好寓意的礼品，如糕团、钟表等。（　　）

4．探望病人，鲜花不是最好的选择。（　　）

5．参加葬礼，为表示哀痛之情，可以尽情大放悲声。（　　）

### 二、选择题

1．比较适合婚宴的服装的是（　　）。

A．职业装　　B．休闲装　　C．礼服　　D．随意

2. 婚礼上（　　）。

A. 不能打碎东西　　B. 游戏时尽情狂欢

C. 不停给新人敬酒　　D. 离开时和新人打招呼

3. 参加寿宴的着装要注意（　　）。

A. 避免黑、白色　　B. 穿喜庆的颜色

C. 穿很隆重的晚礼服　　D. 穿比较嘻哈的服装

4. 下面比较适合做寿礼的是（　　）。

A. 保健品　　B. 水果

C. 健身器材　　D. 皮鞋

5. 探望病人，要做到（　　）。

A. 注意探视时间　　B. 不长时间逗留

C. 帮助分析病情　　D. 显示自己的担忧之情

## 三、案例分析题

娇娇和妈妈去参加老同学聚会。用餐时，大人们推杯换盏尽情地聊着，娇娇伸着筷子，看哪盘菜好吃就一个劲儿地挑着吃，一副不管不顾的样子。有人开了个玩笑说："这小丫头真精明啊！"妈妈听了简直无地自容。请结合聚会礼仪对娇娇的言行做出评析。

# 评价考核

表 5-2　日常聚会礼仪评价考核表

| 考评内容 | 日常聚会礼仪 | | |
|---|---|---|---|
| 考核标准 | 内　容 | 分值（分） | 评分（分） |
| | 参加婚宴着装得体 | 10 | |
| | 婚宴上言行、举止得体 | 20 | |
| | 会选择寿礼 | 10 | |
| | 会使用寿宴祝福语、行礼 | 20 | |
| | 懂得探望病人的禁忌 | 20 | |
| | 参加葬礼言行举止得当 | 20 | |
| 合　计 | | 100 | |

注：可自评或他人考评。评价考核分为 100 分，60～69 分为及格；70～79 分为中；80～89 分为良；90 分以上为优秀。

# 第 19 讲　馈赠礼仪

## 任务描述

**知识目标：**

1. 了解礼品在人际交往中的作用；
2. 学会选择礼品；
3. 了解各种馈赠时机。

**能力目标：**

在合适的场合，选择恰当的礼品，表达你最诚挚的心意。

## 知识储备

馈赠即馈赠礼品。它是人际交往中的一种表达祝贺、敬重、感激、怜爱之情的常用形式，也是中国人的传统礼仪。

馈赠是交际活动中不可缺少的交往内容，随着交际活动的日益频繁，馈赠礼品能起到联络感情、加深友谊、促进交往的作用。赠送礼物是一个播种和收获的过程——种下的是送礼人的心意或愿望，收获的是收礼人的愉悦和满足。选好“种子”，选准时机、选对方式，使能结出甜美硕果。

### 一、馈赠的时机

古今中外都注重礼尚往来，馈赠应注意时间，把握好机会。送礼起因很多，归纳起来大致有以下 5 个时机。

#### 1. 传统节日

如我国传统的春节、端午节、中秋节、重阳节等，西方化的圣诞节、情人节、母亲节、父亲节等。

#### 2. 喜庆嫁娶

晋升、获奖、企业商店开业庆典，亲友结婚、生子，做寿及砌房造屋、乔迁新居等。

### 3．探望拜访

去医院、亲友家中探望病人，到别人家登门拜访或应邀到亲友家中做客时。

### 4．亲友远行

当亲朋好友要远离家乡到外地，甚至到异国求学、工作时。

### 5．酬谢他人

如在别人、亲友的支持帮助下，渡过工作、生活上的难关后，对其表示谢意，可送些礼品以回报感恩。

## 二、选择礼品

任何礼品的选择都表示了送礼人的特有心意，选择的礼品必须与心意相符，并使受礼者感到礼物非同寻常，倍感珍贵。

### 1．选择礼品的原则

（1）投其所好

最好的礼品应该根据对方的兴趣爱好选择，富有意义、耐人寻味、品质不凡却过于张扬，力求别出心裁，不落俗套。

一般说来，送礼给生活较拮据者，以实惠为佳；对富裕者，以精巧为佳；对恋人、爱人，以纪念性为佳；对朋友、至交，以趣味性为佳；对孩子，以新颖益智为佳；对老人，以实用为佳；对外宾，以民族特色为佳。

（2）轻重适宜

送礼应避免因太便宜而失礼或者太贵重而突兀，礼物的价值应以你与收礼者的关系衡量，价格与情谊兼顾，以对方能够愉快地接受赠礼为佳。

（3）精心包装

精美的包装不仅使礼品的外观更具有艺术性和高雅的情调，显示出赠送者的文化艺术品位，礼品不同与自用，好的内容重要，好的形式更加添彩，送礼的原则就是尽可能选漂亮的包装。礼品上有价格的标签也要早点清除干净，但如果礼品是有保修期的“大物件”，如家用电器、计算机等，可在赠送礼品的时候把发票和保修单一同奉上，以使受礼人能够享受三包服务或方便转手处理。

### 2. 礼品选择的禁忌

（1）尊重地方风俗和民族禁忌

送礼前应了解受礼者，以免节外生枝，如不能送广东和香港人梅花、茉莉，因其音与“霉”和“没利”，而送金橘和桃花，因其寓意“吉”和“红火”而广受欢迎。

在涉外礼仪中，更要了解、尊重各国家和民族的特殊禁忌。首先是宗教禁忌，如在印度不送牛皮制造的礼品，因为他们认为牛是神圣的。其次是数字禁忌，中国人一般送礼送偶数，西方人推崇数字“3”，韩国人、日本人忌讳“9”和“4”，西方人忌讳“13”。最后是颜色禁忌。

（2）送礼的禁忌

① 忌送现金或金银珠宝。

② 忌送过期或离保质最后期限不远的营养品、化妆品和食品。

③ 忌送包含影射意义的礼物。

④ 忌送旧物品。

⑤ 不宜送领带和腰带给男士，不宜送女性项链和戒指。

⑥ 避免送鸡鸭鱼肉蔬菜等鲜货。

⑦ 不宜给远方的客人准备笨重、易碎、不方便携带的礼品。

## 三、接受馈赠的礼仪

### 1. 接受礼物的礼仪

（1）态度自然大方，切忌过于兴奋或者表现得冷淡敷衍。

（2）双手接礼物，与对方握手表示谢意，再拆看礼物。

（3）收到鲜花，应表示出欣赏和喜悦。

### 2. 回礼的方法

中国人讲“礼尚往来”，说的是交际是一个双向互动的过程，所以收礼和回礼也就构成了完整的交往，也体现出了双方之间的尊重和友谊。接受对方的礼品后，应该铭记在心，在适当的时候，向对方还礼。在回礼时要注意以下两个问题：

还礼的时间要注意，所谓“后会有期”，一般选择和对方赠送自己礼物相同的机会回礼，或者在对方或其家人的某个喜庆活动时还礼，也可以在此后的登门拜访时还礼。

还礼的礼物选择有窍门，可以选择对方赠送的同类物品还礼，比如你送我丝巾，我送你精美钱包；也可以选择和对方赠礼差不多价格的物品还礼。

## 实践训练

**实践项目：**馈赠好友

**情境描述：**你的两位英国朋友（一男一女）来中国旅游，临别时该给他们送一份什么礼物呢？

**实践指导：**

1．了解朋友的爱好；

2．选择合理的价位；

3．尊重朋友的民族禁忌；

4．礼物体现男女的不同；

5．选择馈赠的地点和时机。

## 自主学习

### 一、判断题（正确的在括号内打“√”，错误的打“×”）

1．礼品非常重要，没有礼品，就办不成事。（ ）

2．馈赠礼品无所谓时机，想送就送。（ ）

3．礼品要精心包装。（ ）

4．送礼越贵重越好。（ ）

5．接受别人的礼品后，要有回礼。（ ）

### 二、选择题

1．馈赠，可以表达（ ）之情。

A．祝贺　B．敬重　C．歉意　D．感谢

2．（ ）不适合赠送。

A．现金　B．珠宝　C．家乡特产　D．鲜花

3．接受馈赠时，（ ）的做法不符礼仪规范。

A．双手接过　B．表示自己的谢意

C．当场拆封　D．表现得非常高兴

4．回礼时要注意（　　）。

A．选择和对方赠礼价格差不多的礼物

B．选择和对方赠礼同类的礼品

C．不必马上回礼，可以选择一个合适的时间

D．用回礼的方式体现双方的尊重和友谊

5．以下（　　）时间，适合馈赠。

A．别人帮你渡过了一次难关　　B．逢年过节

C．喜庆婚嫁　　D．探望好友

### 三、案例分析题

云南省的一家外贸公司与印度某商贸公司新近做成一笔生意，为表示合作愉快，加强两公司今后的联系，努力成为密切的商业伙伴，中方决定向印方赠送一批具有地方特色的工艺品——皮质相框。当赠送的日子快要临近时，这家外贸公司的一位曾经去过印度的职员突然发现这批皮质相框是用牛皮做的，这在奉牛为神明的印度是绝对不允许的，很难想象如果将这批礼品赠送给印方会产生什么样的后果。幸好及时发现，才使中国的这家外贸公司没有犯下错误，造成损失。他们又让工艺品赶制了一批新的相框，这回在原材料的选择上特地考察了一番。最后将礼品送给对方时，对方相当满意。请运用馈赠礼仪的知识对这家公司的馈赠行为作评价。

## 评价考核

表 5-3　馈赠礼仪评价考核表

| 考评内容 | 馈赠礼仪 | | |
|---|---|---|---|
| | 内　容 | 分值（分） | 评分（分） |
| 考核标准 | 会选择合适的馈赠时机 | 15 | |
| | 会挑选合适的礼物 | 20 | |
| | 接受他人馈赠自然大方 | 15 | |
| | 懂得回礼的艺术 | 15 | |
| | 熟悉各种送礼禁忌 | 15 | |
| | 能正确理解礼品在交际中的作用 | 20 | |
| 合　计 | | 100 | |

注：可自评或他人考评。评价考核分为 100 分，60～69 分为及格；70～79 分为中；80～89 分为良；90 分以上为优秀。

# 第20讲 公共礼仪

## 任务描述

**知识目标：**

1. 掌握乘坐各种交通工具的礼仪规范；
2. 掌握乘电梯的礼仪规范；
3. 掌握剧院礼仪常识。

**能力目标：**

遵守公共礼仪，展现良好的修养，做一个优雅迷人的公众人物。

## 知识储备

### 一、乘交通工具礼仪

乘车可不仅仅是“坐过去”那么简单，如果毫不注意地坐错了位置，腿脚放错了地方，或是说了不适当的话，那完美形象可就要大打折扣了。

#### 1．乘车的位次

（1）自家车

如果自己开的私家车的话，接送人时，一定要照顾周到。仅仅两人同车，你可以请他坐在司机旁边的位置，便于朋友之间的平等交流。你若坐车，可千万别单独坐到后面，会让别人觉得你当他是司机了。多人同时乘车时，可以根据客人的地位与关系安排座位，前座是最好的座位，可以请长者或女士前坐；后排右侧次之，左侧再次之，而后排中间座为末席，前排中间座则不宜再安排客人。另一种情况下，对于多人乘车而言，前座也可以是比较随意的座位。主人夫妇驾车时，则主人夫妇坐前座，客人夫妇坐后座，男士要服务于自己的夫人，宜开车门让夫人先上车，然后自己再上车。如果主人夫妇搭载友人夫妇的车，则应邀友人坐前座，友人之妇坐后座，或让友人夫妇都坐前座。

（2）非自家车

如果乘坐别人的私家车，一般情况下要坐在前面，便于你们交流。要是坐在后面的座位时，应该注意在他开车时尽量少与他说话，也许开车紧张，也许他心情不佳。在车上交谈时，无论多好奇，像人家花了多少钱买的车这种问题，刚认识时，可别着急问，最好观察一下主人当时的情绪。

（3）公家车

如果是公家车接送你的话，可能表示你有一定的身份与地位。这时首先要等待别人帮你开关车门，上车一定要坐在后座上，特别是车上只有你与司机两人时，不要与司机平坐在前座；如有多人乘坐，以后排右侧为首位，左侧次之，中间座位再次之，前坐右侧殿后，前排中间为末席。在车上尽量不要多说话，不要找司机搭话。到达目的地时，下车后可以对司机说声“辛苦了，谢谢”。

（4）公交车

坐公交车，是无人售票的，要自备零钱，刷卡的要主动刷卡。看到年长者和孕妇，及带小孩的，要主动让座，要下车的站点提前准备。同时坐在车上，要注意举止，保持车内整洁，不要在车上吸烟和吃零食；不要把污物吐出、扔出窗外；不要乱动车上的开关。

**礼仪小贴士**

**公交车上哪些地方不能坐**

为了乘车安全，在公交车上除了座位外，不要随便乱坐，比如窗沿、地板、扶手、发动机盖等处。挤坐他人的座位也是很失礼的行为。

（5）出租车

出租车可以预订，也可以随手拦。拦车时要保持风度，叫车时要考虑到司机停车的方便与交通规则，不要大声叫喊，也不要不停地大幅度挥手。等出租车司机可以看到时，再用手缓缓摆动一到两次就可以了。乘租车若是与男士同行，座位是男左女右，男前女后；几个人同行时，应该争坐前座，因为前座是付款的座位。单独坐出租车时，不要坐在司机旁边的座位。

（6）自行车

骑自行车：要严格遵守交通规则。不闯红灯，骑车时不撑雨伞，不互相追逐或曲折竞驶，不骑车带人。遇到老弱病残者动作迟缓，要给予谅解，主动礼让。

（7）乘火车、轮船、飞机

在候车室、候船室、候机厅里，要保持安静，不要大声喊叫。上车、登船时要依次排队，不要乱挤乱撞，对号入座，座位可供选择的余地并不太大。比较而言，有关座次的讲究也相对较少。基本的规矩是：临窗的座位为上座，临近通道的座位为下座。与车辆行驶方向相同的座位为上座，与车辆行驶方向相反的座位为下座。有些车辆上，乘客的座位分列于车厢两侧，而使乘客对面而坐。在这种情况下，应以面对车门一侧的座位为上座，以背对车门一侧的座位为下座。

**礼仪小贴士**

**如何掌握上洗手间的时间**

在火车上使用公共盥洗间，只能做简单的洗漱，比如刷牙、用清水洗脸，女性最好不要在洗手间使用洗面奶洗脸或化妆，以免延长别人等待的时间。总之，在火车上使用公共盥洗间一定要考虑到其他乘客的使用。

（8）其他车辆

如果是中巴、大巴，中间是过道，那座次原则是离门近者为主座，由前向后，由右往左，离门越近，位置越高，也就是说，司机后排靠门的位子是主座，这个位子前面通常有扶手，领导上下车也方便，安全、方便兼顾。有一点是必须明确的，服务人员坐面包车或中巴、大巴，应坐副驾驶位或尽量往后排就座。

车子多种多样。乘车礼仪其实很简单，尊重别人就是尊重人家的选择，这就是礼仪中“尊重为上”的原则。具体到副驾驶位、司机后位、司机对角线位哪个重要，要因人而异，因时而异，最标准的做法是客人坐在哪里，哪里就是上座。所以，不必纠正并告诉对方“您坐错了”。

## 2. 乘坐的礼仪

在乘坐车辆时以礼待人，不单是一种要求，而且应当落实到乘坐车辆时的许多细节上。特别需要注意下列三个方面的问题。

上下车的基本礼仪原则是“方便领导，突出领导”。一般是让领导和客人先上，自己后上。下车时，我们先下，领导和客人后下。上车时，为领导和客人打开车门的同时，左手固定车门，右手护住车门的上沿（左侧下车相反），防止客人或领导碰到头部，确认领导和客人身体安全进车后轻轻关上车门。下车时，方法相同。如果很多人坐一辆车，那么谁最方便下车谁先下车。无论是先上后上，还是先下后下，我们都要遵循“方便领导、突出领导”的原则。

如果当时环境允许，应当请女士、长辈、上司或嘉宾首先上车，最后下车。若您一同与女士、长辈、上司或嘉宾在双排座轿车的后排上就座的话，应请后者首先从右侧后门上车，在后排右座上就座。随后，应从车后绕到左侧后门登车，落座于后排左座。到达目的地后，若无专人负责开启车门，则应首先从左侧后门下车，从车后绕行至右侧后门，协助女士、长辈、上司或嘉宾下车，即为之开启车门。

由主人亲自开车时，出于对乘客的尊重与照顾，可以由主人最后一个上车，最先一个下车。

在下车时，低位者可以先下车去帮助开门，以示敬人。其操作的方法，与上车时基本相同。

**礼仪小贴士**

**乘坐轿车该怎样坐**

公务用车时，上座为后排右座；在平常的社交应酬中，上座为副驾驶座；接待重要客人时，上座为司机后面的座位，这是最基本的乘车礼仪

## 二、乘电梯礼仪

### 1. 等电梯时礼仪

与人同乘电梯的时候，要主动面带微笑，颔首问安。不可以挡在人前，挤在电梯门口。

### 2. 进出电梯时礼仪

进出电梯要注意安全。当电梯关门时，不要强行扒门，不要强行挤入。当电梯人数超载时，要主动退出。当电梯在升降途中，因故暂停时，要耐心等候，不能大声喧哗，制造紧张气氛，不要贸然扒门。进出电梯还要注意出入顺序。与不认识的人同乘电梯，进入时要讲究先来后到，出来时，应由外而里依次而出，不可争先恐后。与熟人同乘电梯，尤其是与长辈、女士、客人同乘电梯时，应让对方先行。

### 3. 乘坐电梯时礼仪

在电梯内正确的站法是先进电梯要靠墙而站，要尽量避免靠别人太紧或背对别人，看到双手抱满东西的人，要主动代为按钮。电梯里面人非常多时，先上来的人要主动往里走，为后上的人腾出地方；后上来的人要视电梯内人的多少而行，当超载铃声响起，最后上来的人应主动下来等下一趟。一个人乘坐电梯时，不能看四下无人就乱写乱画，损坏电梯墙壁。

**礼仪小贴士**

**为何要将左侧留出空位**

乘自动扶梯时，我们应该站在右侧，把左侧留出来给那些有急事、要赶着上下的人。在进入电梯、地铁或地下通道前，应该让出去的人先行。

## 三、剧院礼仪

去音乐厅或剧院听音乐会欣赏歌舞戏剧，你该做怎样的准备呢？

### 1. 服装和妆容

应选择较隆重装束。男士以整套深色西服为佳。浅色或不成套西服也差强人意，但绝对不要穿牛仔裤。即使夏天也不应着西装短裤。女士以样式较隆重的裙装为上选，配以适量的首饰。长西裤也被允许，但同样不要穿牛仔裤裙。妆容应比晚宴妆淡些比日妆浓些，要与着装相配。

### 2. 手机和电子产品

你的手机一定记得在开演前关机，至少也应调至确定不会发出声响的振动挡。照相机最好不要带。但若你是初次进入富丽堂皇的大剧院，想留个纪念，那应在开演前或幕间休息时用它。演出期间你这些器具的使用均会对表演者构成影响，剧场工作人员频繁入场提醒还会妨碍到其他观众。

### 3. 出席时间

你一般应提前至少十分钟到达，从容地寻找自己的座位，也来得及去洗手间整理一番。还可看看休息区的方位，便于幕间休息时算好时间用些小点心饮料后，在下半场开演铃声响起时及时归位。若迟到，绝大多数的剧院都只能对不起你，幕间休息时方可入场。你也只有无条件服从。

### 4. 观看过程

剧院的座位设计最大限度地保证了每位观众都能看清舞台上的演出。所以，若你长时间地凑过头去和同伴交流，既影响了后排观众的视线，窃窃之声还妨碍了他人的听觉。无论交响乐还是独奏或协奏曲，乐章间的停顿是不应鼓掌的。若是歌舞剧，每幕演完则应给予掌声。中国的京昆等戏曲随意些，每每精彩之处，鼓掌叫好倒更能激发演员的才情。不到幕间休息，一般不应离座。若实在有紧急状况，需跟邻座先说“对不起”再躬身出行，并最好一路以极低的声音“对不起”至最边上那位。哪怕遇到你再熟悉的乐曲，都不可得意忘形跟着低声哼唱。不是谢幕后加演的曲目且得到表演者的应允（如演奏者示意、指挥转向观众等），也不可跟着节奏鼓掌。最要注意的是带着孩童的家长和食欲旺盛的花季少年，包括你所带食物的塑胶袋、纸袋发出的声音，是剧场内最不受欢迎的杂音。必须引起高度重视，坚决杜绝！哪怕今晚的表演不合你的欣赏胃口，既然来了，便应尊重表演者，还是等到演出结束才离去。至少也该在幕间休息时离场。

## 实践训练

**实践项目：**新年音乐会的出席设计

**情境描述：**一年一度的新年音乐会即将开始，你将如何出席？请为自己量身定做一个出席计划。

**实践指导：**

1. 合理选择服装；
2. 准备合适的妆容；
3. 管理好自己的手机和其他电子产品；
4. 不迟到早退；
5. 罗列观看过程中要注意的地方。

## 自主学习

### 一、判断题（正确的在括号内打“√”，错误的打“×”）

1. 坐朋友的自家车，坐在后排比较好。（　　）
2. 长者要坐在轿车的前座。（　　）
3. 开车时，尽量不要和司机说话。（　　）
4. 坐公交车时，下车要提前做好准备。（　　）
5. 看到出租车，大声喊叫让它停下来。（　　）

### 二、选择题

1. 乘坐别人的私家车，一般情况下可以坐在（　　）。

　　A. 前座　　B. 后座靠右　　C. 后座靠左　　D. 随意

2. 乘出租车，如男女同行，座位一般（　　）。

A．男左女右　　B．男前女后　　C．男右女左　　D．男后女前

3．飞机、轮船、火车上，（　　）是上座。

A．靠窗的座位　　B．靠过道的座位

C．与行驶方向相同的座位　　D．与行驶方向相反的座位

4．下列（　　）符合上下车礼仪。

A．让领导、客人先上。

B．打开车门时，左手固定车门，右手护住车门的上沿。

C．自己先下，然后让领导、客人下。

D．最后一个上车时，应从车后绕到左侧后门上车。

5．下列行为，不符合乘坐电梯的礼仪是（　　）。

A．电梯来了，赶快往前挤。

B．进入电梯，尽量往里站。

C．别人不方便时，帮别人按一下按钮。

D．电梯到达前，提前做好准备。

### 三、案例分析题

一次我和几个朋友一同乘坐谢教授的车出行，回程时，余教授非要我坐在前面和谢老师并排，而在来时是他坐前面的。考虑到在内地往往是坐前面的人更重要一些，所以我推辞了很久，但最后还是被余教授推上了前面的座位。请问，余教授为什么要将“我”安排在前座？

## 评价考核

**表5-4　公共礼仪评价考核表**

| 考评内容 | 公共礼仪 | | |
|---|---|---|---|
| | 内　容 | 分值（分） | 评分（分） |
| 考核标准 | 了解乘轿车时位次的安排原则 | 10 | |
| | 懂得上下车礼仪 | 20 | |
| | 文明乘坐公交车 | 15 | |
| | 乘坐电梯文明守礼 | 15 | |
| | 在剧院，是一个文明观众 | 20 | |
| | 了解各交通工具的乘坐礼仪 | 20 | |
| 合　计 | | 100 | |

注：可自评或他人考评。评价考核分为100分，60～69分为及格；70～79分为中；80～89分为良；90分以上为优秀。

# 参考文献


1. 魏雪．礼仪与修养．北京：电子工业出版社，2008．
2. 张文．礼仪修养与实训教程．广州：华南理工大学出版社，2009．
3. 海英．礼仪的力量——海英老师的 33 堂礼仪课．北京：北京师范大学出版社，2011．
4. 张晓梅．晓梅说礼仪．北京：中国青年出版社，2008．